高齢化するひきこもりのサバイバルライフプラン

親亡き後も生きのびるために

ファイナンシャルプランナー
畠中雅子

近代セールス社

はじめに

　ひきこもりのお子さんを持つご家庭から、お金のご相談を受け始めて15年が過ぎました。私がご相談を受けているひきこもりのお子さんの中には、50代半ばを過ぎたお子さんも出てきています。ひきこもりのお子さんの高齢化は注視すべき問題で、ご相談に見える親御さんには、80代に入られた方も増えています。

　現在50代半ばのお子さんたちは、10年も経てば年金世代に突入します。ひきこもりのお子さんたちが、親の年金ではなく、自分の年金をベースに暮らす時代が、遠くない未来におとずれるのです。自分名義の年金で暮らすにしても、古くなった家にそのまま住み続けられるのか、公的年金だけでは不足する生活費を、親御さんが遺したお金でまかない切れるのか——など、課題はまさに山積みです。

　それにもかかわらず、「親亡き後、お子さんひとりの生活設計」について、具体的な策を講じるどころか、課題の整理すらしていないご家庭が多いという現実があります。生活設計に思いを巡らせる前に、お子さんとの今の生活で手一杯になっているご家庭が多く、親御さんたちも疲弊されているので、無理のない面もあると感じています。

その反面、ひきこもりのお子さんが高齢化している現実は、お子さんの余命が短くなっていることを意味するため、親が遺すべき生活費を抑えられる面も持っています。実際にご相談を受けている中には、いくつかの課題をクリアすれば、お子さんの生活設計が成り立ちそうだと思えるケースも少なくありません。

お子さんが自分の寿命をまっとうするまでの生活設計を成り立たせるためには、親亡き後の課題を洗い出して、ひとつひとつクリアしていくしかありません。必要なのは「遠くないうちに、我が子がひとりで暮らす時期が来る」のだという、親御さん側の覚悟なのではないでしょうか。

そこで本書では、親亡き後の生活設計の立て方について、住まいの確保や相続の問題、ご兄弟（姉妹）への配慮など、さまざまな角度からまとめてみました。

今までおこなってきたアドバイスを基にまとめてはいるものの、まだ完全とはいえない部分があるかもしれませんが、現時点での課題を整理するのには役立つ本に仕上がったと自負しています。

本書は、近代セールス社の飛田浩康氏のご尽力があって発刊の運びとなりました。ここに感謝の意を記したいと思います。また第5章の相談事例については、ファイナンシャルプランナーの浜田裕也氏の力を借りました。浜田氏にも感謝致します。

そして、巻末対談にご登場いただきました斎藤環先生には、お忙しい中、時間をひねり出してくださり、ひきこもりのお子さんたちが置かれている状況を、わかりやすく解説していただきました。斎藤先生のお力添えのおかげで、本書の内容に幅が出たと、心から感謝しております。

活字にするのは初めてですが、斎藤先生からお声を掛けていただき、ひきこもり家族向けのシンポジウムに呼んでいただいたことが、私がひきこもり家族向けの支援を本格的にスタートさせるきっかけでもありました。

最後になりましたが、ひきこもりのお子さんを持たれているご家庭にとりまして、本書がお子さんのこれからの暮らしの目途を立てるための一助になることを願ってやみません。

平成24年6月吉日

ファイナンシャルプランナー　畠中　雅子

高齢化するひきこもりのサバイバルライフプラン ＊ 目次

第3章 ひきこもりの子が生きのびていくための具体的対策

第4章　ひきこもりの子に一生住める家を確保する　87

第5章 相談事例でみるサバイバルプランのポイント

巻末対談
斎藤環・精神科医　VS　畠中雅子・ファイナンシャルプランナー　169

第1章

高齢化するひきこもりのためのサバイバルプランとは?

①

遺された子どもが生きのびるために

“ひきこもり歴”はもうすぐ25年。親も疲れ果てて……

山本一郎さん（仮名）は、現在72歳。奥様は3年前、病気で先立たれました。山本さんには一男一女、2人のお子さんがいます。長女（45歳）は別の県に嫁いでおり、中学生と高校生の子ども（山本さんにとっては孫）もいます。

山本さんが胸をいためているのは、長男の和也さん（43歳・仮名）のことです。和也さんは高校生のときから不登校を繰り返し、高校は何とか卒業したものの、大学進学はできませんでした。大学に行かなかった和也さんですが、就職活動もうまくいかず、結果として正社員として働いたことはおろか、アルバイトの経験もありません。

20代の前半までは、不登校の子どもを支援してくれる場所に通ったこともありましたが、20代の後半からは自室にひきこもることが多く、出かける機会もどんどん減っていきました。

40代に入ってからは、自室でボーっと過ごす時間が長くなり、〝ひきこもり歴〟は25年にのぼろうとしています。

和也さんの生活費はすべて、一郎さんの年金と蓄えで賄っています。今までのところ、年金の範囲で何とか生活できているものの、固定資産税や和也さんの国民年金保険料、冠婚葬祭費などで、貯蓄は少しずつ減っています。

奥様が元気だった頃は、夫婦で出かけることもありました。しかし最近では、週に1～2回買い物に行く以外は、父子揃って自宅にひきこもりがち。高血圧や糖尿病の持病があるので、一郎さん自身も無理はできません。

「自分が死んだら、和也はどうやって暮らしていくのだろう」

最近は、寝ても覚めてもそのことが頭から離れません。とはいえ、自分が亡き後のことを子育て中の娘には頼みづらく、金銭的に生活が成り立つのか、見当もつきません。

今の状態のままでは、息子を道連れにして死ぬしかない――。

最近の山本さんは、そんな投げやりな考え方しかできなくなってきたと嘆いています。

40代以上のひきこもりのお子さんのご相談が増加

ご紹介した山本さんのケースは、実際のご相談をもとに、私のほうでアレンジを加えたものです。ご相談内容がナイーブなため、実際のご相談をそのまま掲載することはできない現状をご理解いただきたいと思います。

山本さんのケースは、決して珍しい話ではなく、実際ここ数年、40代以上のひきこもりのお子さんを持つご家庭から、生活設計のご相談を受ける機会が増えています。中には、50代のお子さんを持つ方からのご相談も出てきました。

ご相談の対象となるお子さんの年齢は徐々に高齢化しており、最近は40代以上のひきこもりのお子さんを持つご家庭のご相談が中心になってきています。

お子さんの年齢が40代以上となると、当然ながら、その親御さんの年齢は70代以上になるのが一般的です。お子さんが50代のケースでは、親御さんは80代に入られているケースも珍しくありません。

親御さんがすでに80代になられているような場合は、ひきこもっているお子さんのご兄弟が相談に来るケースも多くなっています。

ひきこもっているお子さんが40代以上だと、ひきこもっている年数が10年を超えている場合がほとんど。親も、子どもの社会復帰をあきらめているケースが多くなります。

ご相談者の中には、ひきこもりの年数が30年を超えるご家庭もあり、親御さんの心身共の疲労感はいうまでもありません。

同時に、お子さんが抱える闇の深さを考えると、ご相談を受けている中でその「状況の深刻さ」に押しつぶされそうになることもあります。

「生活が成り立たない」は思い込み

ひきこもっている状況の大変さはさておき、お金の面にだけ目を向けると、**「お子さんの年齢が高齢化→お子さんの生活設計は立てやすくなる」**という現実があります。

言い方が適切ではないかもしれませんが、お子さんの平均余命が短くなるほど、親が遺してあげなければならない金額が減るので、生活設計プランを立てるのが楽になるからです。

20代や30代のひきこもりのお子さんをお持ちのご家庭から、生活設計についてのご相談依頼を受ける機会も少なくありませんが、積極的には引き受けていません。お子さんの平均余命が長いため、そのことを資金プランに置き換えると、親側が遺すべき金額が高額すぎる金額としてはじき出されてしまうからです。

また、私自身はファイナンシャルプランナーという資格で仕事をしているため、ひきこもりからの回復といった、状態の改善についてのアドバイスはできませんし、してもいません。

ひきこもっている状態の改善について、専門外の人間がアドバイスするのは危険だと考えているので、コメント自体を避けています。ただ、そのいっぽうで、**お子さんが40代以上になられているご家庭に対しては、「金銭面では、お子さんの生活は成り立ちますよ」というアドバイスをすることによって、ご家族に少しは安心感を与えられる**と考えています。

ところが、ご相談にいらっしゃる親御さんのほとんどが、「子どもがひとりで遺されたら、生活していけない」と思い込んでいます。「自分が死ぬ時には、この子も道連れにするつもり」と言われたことも、一度や二度ではありません。

ですが、資金面だけに焦点を当てたご相談の現場では、**ご相談を受けたご家庭の多くで、お子さん自身の生活設計プランを立てることができているの**です。

個々のご家庭の資産状況や、お子さん自身の年金の支給状況などによっても解決策は異なりますが、**多くの方が「子どもの生活は成り立たない」と考えているのは思い込みに過ぎない**ということを、一人でも多くの親御さんに知ってもらいたいと考えています。

それが、本書を執筆するにいたった大きな理由です。

ひきこもり家庭の相談を受けるＦＰは少数派

ところで、話は少しずれますが、ファイナンシャルプランナー（ＦＰ）という資格について、皆さんはどのくらいの知識をお持ちでしょうか。

「名前くらいは聞いたことがある」とか、「保険の見直しをしてもらったことがある」などといった方が多いのではないかと思います。銀行や証券会社などの金融機関や、住宅展示場などで担当者から、「ファイナンシャルプランナー」という肩書きの入った名刺を受け取った経験のある方もいらっしゃるかもしれません。

ファイナンシャルプランナーという仕事は、お金にまつわるご相談を受けるのが本来の業務。ただし、個人の方向けのご相談だけでは事業として成り立ちにくいので、多くのファイナンシャルプランナーは、相談業務以外からも収入を得ています。たとえば私は、前身がフリーのライターだったこともあり、執筆業から得る収入が一番多くなっています。その次が講演料です。

そして実のところ、ファイナンシャルプランナーの資格を取得してから15年以上、私は有料相談を引き受けてきませんでした。

雑誌や新聞の連載で、さまざまな読者の方のご相談を受けたり、セミナーの後に無料相談を受けたりはしてきましたが、毎日のように原稿の締め切りを抱えており、私自身に時間的、そして精神的な余裕がないため、有料相談は長年、お断りしてきたのです。お断りするというよりは、適任者をご紹介してきたというのが、正確な表現だと思いますが。

ところが、ひきこもりのお子さんを持つご家庭のご相談に関しては、私以外のファイナンシャルプランナーをご紹介することができませんでした。そこで、表向きは有料相談をお断りしながらも、ひきこもりのお子さんがいるご家庭のご相談だけは、細々とではあるものの、自分で引き受けてきました。

それが時間の経過とともに、徐々に相談件数が増えて、親の会などのセミナーに呼んでいただく機会も増え、２０１１年には内閣府が制作・発行した『ひきこもり支援者読本』の執筆メンバーにも加えていただきました。

『ひきこもり支援者読本』の執筆メンバーとなったことで、ひきこもり家族向けの相談を受けていることを認知してもらえるようになり、日常の仕事の中でも、ひきこもりのお子さんがいるご家庭に対してアドバイスをする機会が増えてきています。

② サバイバルプランの前提と基本

最悪の状態をベースにプランを立てる

ひきこもりのお子さんがいるご家庭に対して、生活設計のアドバイスをすると言われても、どんなアドバイスをしているのか、多くの皆さんは、おそらく見当もつかないのではないかと思います。

私がおこなっているアドバイスの基本は、**親の持つ資産でお子さんの一生涯の生活を成り立たせるプラン**を立てるものです。お子さんの社会復帰に望みをかけているご家庭もありますが、「お子さんはこの先、まったく働けない」という、最悪の状態をベースにして生活設計を考えます。

お子さんが働けない状態をもとにして、親が持っている資産で生きていくプランを立てるわけですが、あるとき、私がおこなっているアドバイスについて、「まるで、サバイバルプランですね」といわれました。

その言葉を聞いて、「ライフプラン」よりもアドバイスの内容に合っている言葉だと思い、最近では「サバイバルプラン」という言葉を使うようにしています。

本のタイトルを「サバイバルライフプラン」にしているのは、サバイバルプランだけだと、生活設計やお金のプランだということが伝わりにくいからです。タイトルには「ライフ」という言葉を入れていますが、本文ではサバイバルプランという言葉を使っていきます。

サバイバルプランは、前述のとおり、「この先、お子さんはずっと働けない」という前提で作ります。プランの前提をお話しするだけで、お子さんが働くことに望みを持っている親御さんには、ショックを与えてしまうことも少なくありません。「働けないことは薄々わかっていても、それを現実として受け止めなければならないつらさ」と感じさせてしまうため、申し訳なく思うこともよくあります。

とはいえ、**まず現実を受け止めないことには、サバイバルプランが中途半端なものになってしまいます**。そのため、「お子さんが働くこと」に望みを持っている親御さんには、プランを立てるのを少し先送りにして、働くための支援をできるだけ活用してもらうようにすすめています。詳細なプランを立てても、実行に移してもらえないケースが多くなっているからです。

「働くことをあきらめたライフプラン」を立てるのは、親御さんにとってもつらい選択になりますが、**プランを立てる時期を先送りしても、お子さんの生活は好転しません。**悪くなるだけです。

サバイバルプランは、就業に対する親御さんの望みをいったん断ち切ったうえで、お子さんが働かなくても食べていける道を模索していくプランともいえるのです。

就業支援の道が途絶えてから生活設計に移行

就業に対する望みを捨てたプランを立てたとしても、その後、アルバイトで若干の収入を得るようになるなど、プランの状況が好転する可能性はあります。ですが「好転」については、プランを立てる時点では考慮しません。

収入がプラスされれば、できることの選択肢が増えていきますから、プランも改善します。良くなることなら、後からいくらでもプランを直せるからです。

ご相談をしたいという気持ちはあっても、お子さんの社会復帰をあきらめきれない親御さんは少なくありません。その気持ちを捨てきれない間、積極的にはご相談を受けませんが、現実問題として、就業支援を受け、社会復帰して就職するというように、うまくいったケースを私はほとんど見てきていません。

もちろん世の中には、就業支援を受けて働けるようになった事例はたくさんあるはずです。しかし、私がご相談の対象としているのは、40代以上のお子さんをお持ちのご家庭。そのような特殊な事情から、社会復帰したお子さんを見る機会がないのだと思います。

とはいえ個人的には、親御さんがお子さんの社会復帰の望みを捨て切れるまでは、就業支援は受けたほうがよいと考えています。

就業に望みをつないだものの、結果として就業支援の道も途絶え、相談の場がなくなった後にサバイバルプランを立てることに注力してもらったほうが、親御さん側の頭の切り替えもしやすく、結果的にプランを実行してもらいやすくなるからです。

就業への道が途絶えた現実を受け入れてもらうのは酷な気もしていますが、その代わりといいますか、**「働かなくても、食べていけること」**を認識してもらうように努力します。

親御さんが持つ資産やお子さん自身の国民年金（老齢基礎年金）・障がい年金を活用して、お子さんの平均余命くらいまでの生活が成り立つプランを一生懸命考えること。それによって、働くことにわずかな望みをかけて、その結果、落胆を繰り返すよりも、親御さんの気持ちは確実に楽になると考えるからです。

親が介護状態になれば子どもとの別居も必要に

さて、具体的には、親御さんがどのくらい資産を持っていれば、お子さんの生活は成り立つのでしょうか。

ひと言でハッキリ言える正解はありませんが、お子さんが一生住める家の確保と、2000万円から3000万円くらいの貯蓄があれば、サバイバルプランは立てられます。貯蓄が2000万円以下であっても、持ち家があって、その家を売却してもかまわなければ、プランが成り立つケースもあります。

親御さんが持つ貯蓄は多くなくても、兄弟姉妹が後見人の役割ができれば、プランが立てられるケースもあります。

いずれにしても、**サバイバルプランを考える際は、まず現状を認識しなければ始まりません**。

現状を認識するには、第5章でご紹介するようなキャッシュフロー表を作成することも重要です。自分たちの置かれている生活状況を、現在だけでなく、将来にわたって俯瞰してみることで問題点が浮き彫りになるからです。

ところが、親御さんの多くは、お子さんとのやりとりで疲弊していて、自分たちの老後の生活設計すら、きちんと立てていないのが現実です。

そこで**まずは現状認識のため、お子さんの生活設計よりも前に、親御さん自身の生活設計を立ててもらう**ようにしています。親御さんの家計が赤字になっているようでは、お子さんに遺せる資金が減ってしまうからです。

また多くの親御さんは、自分たちが介護状態になった場合の具体的なプランを立てていません。親が介護状態になった場合には、住み替え、つまりお子さんとの別居が必要になる可能性もあります。

介護のプランは、サバイバルプランを立てるときにも重要なポイントになりますが、お子さんがひきこもっていると、自分たちの生活は後回しにしがちになり、「介護が必要になっても、子どもと暮らす」と考えている方が少なくありません。しかし、後述するように、それでは自分たちの生活を、ますます苦しいものへと追い込むことになりかねません。

介護を受ける可能性は年を取るほど高まりますので、サバイバルプランでは、親側の介護プランを立てることにも注力しています。

親側の生活設計をきちんと立てておかないと、途中で状況が変わり、お子さんの生活設計が成り立たなくなることも考えられるからです。

では、まずはサバイバルプランを立てる前提となる現状認識からスタートして、プランニングの具体的なノウハウをご紹介していきましょう。

●訂 正●

編集時のミスにより、本書41ページおよび43ページの記載に誤りがありました。
下記のとおり訂正します。

・41ページ　12行目　「路線価に0・8を掛けると」
↓「路線価を0・8で割ると」

・同13行目　算式中　「～×**0・8**」
↓「～÷**0・8**」

・43ページ　10行目　「0・8を掛ける必要は」
↓「0・8で割る必要は」

第2章

サバイバルプランは現状認識から始まる

キャッシュフロー表で親の資産状況を把握しよう

第1章でも現状認識の大切さに触れましたが、サバイバルプランの基本は、親御さんが持つ資産を活用し、お子さんが暮らしていける方法を模索することですから、**まずは親側の資産を把握**しなければ始まりません。

私たちファイナンシャルプランナーが、ご相談者の生活設計をおこなう際に利用するツールの一つにキャッシュフロー表があります。

キャッシュフロー表とは、ご相談者の年単位の収支を長期にわたってつなげたものですが、現状認識が正確にできないと、このキャッシュフロー表を作成することもできず、将来を見渡すこともできません。キャッシュフロー表の作成に着手できないと、**「持っている資産で、子どもが何歳まで暮らせるのか」**を予測することはできないのです。

キャッシュフロー表については、本書では第5章に見本を掲載しています。パソコンでエクセルが使える方は、見本を参考にして、自分で作成してみてください。もちろん、見本にこだわらず、オリジナルなものを作っていただいても結構です。

パソコンは使っているけれど、エクセルでキャッシュフロー表を作るのは難しいという方は、ネット上で「キャッシュフロー表」などと検索ワードを入れてみてください。すると、無料でダウンロードできるキャッシュフロー表がいくつも見つかると思います。その中から、ご自身のパソコン能力で作成できそうなものを選び、ダウンロードされてはいかがでしょうか。

パソコンを利用していない方は、データ形式のキャッシュフロー表でなくてもかまいません。市販の家計簿に付録としてついているライフプラン表を切り取ったり、大学ノートに罫線を引いて、手書きのキャッシュフロー表を作成してみてください。

キャッシュフロー表というと、物価変動や運用の利率などを入れて数字の変化をつかむもののように考えるかもしれません。ですが、サバイバルプランを立てる時にキャッシュフロー表を作成するのは、運用成果などを予測するのが目的ではありませんから、手書きのものでも十分なのです。

キャッシュフロー表は、親が持つ資産でお子さんが暮らしていけるかどうかをチェックするために使うものです。資産状況についての現状認識ができたら、データでも手書きでも結構ですから、必ず作成するようにしてください。

不動産や生命保険もすべて書き出す

現状認識にあたっては、預貯金や有価証券といった換金しやすい資産はもちろん、いま住んでいる家を売却した場合、どのくらいの価値を持つのかといったことなども把握しておく必要があります。

把握の仕方については40ページ以下で説明しますが、不動産についてはサバイバルプランの可否を左右することも多く、その価値の把握は重要なポイントの一つです。

また、生命保険についても、いくらくらい保障が確保できていて、誰に、いくらずつ相続させようと思っているかなどを整理する必要があります。

死亡保険金をひきこもりのお子さんに相続させることで、サバイバルプランが成り立つケースもあります。

いずれにしても、**資産といえるものはすべて書き出して総額をつかむ**ことが、資産状況の把握につながります。

少額ずつ預けている銀行や郵便局の口座があれば、その口座は解約して、お子さん名義の口座に入れてしまいましょう。税金の関係で1年のうちに110万円を超える金額を入金するのは避けたほうがよいと思いますが、後でご紹介するように、**公共料金を支払う口座に集めておく**のがおすすめです。

ちなみに、110万円という金額は贈与税の基礎控除額で、1年間に110万円以下の資金贈与については、税金がかからない仕組みになっています（公共料金のような生活費は、お子さんの口座に入金しても、贈与の対象とはそもそも見なされない可能性もありますが）。

さて、ここでは、預貯金の把握から順番に、各資産や負債の現状確認の方法を説明していきましょう。

資産と負債状況の確認

(1)預貯金額を確認する

⇩一覧表にし、個々人の持つ金額と、全体の総額がわかるようにしましょう

銀行や郵便局などに預けている預貯金額を書き出します。書き出す際は、33ページの表のように、**一覧にすると、個々人が持つ金額と、全体の総額の両方をつかみやすくなる**と思います。

親が亡くなって死亡届を出すと、預金などはいったん凍結されます。親のお金であっても、お子さんは引き出せなくなります。引き出すためには、相続人全員の同意を得た「遺産分割協議書」を作成し、相続人が決まった旨を銀行に通知しなければなりません。それでようやく預金が引き出せるようになります。

他のご兄弟ともめて、遺産分割協議書を作るのに時間がかかってしまうと、お子さんが手元の生活費に困る可能性もあります。電気代やガス代、水道代などのライフラインにかかるお金を引き落とすのも難しくなるかもしれません。

●預貯金の一覧表例

名義	商品名	金融機関名	金額	相続人	相続人の合意	注記
父	定期預金	○○銀行 ××支店	300万円	母	○	同銀行に30万円ほど普通預金あり
父	定期預金	○○信用金庫 ××支店	1200万円	母	○	退職金の残り
父	定期預金	○○銀行 ××支店	500万円	長男	?	
		小計	2000万円			
母	定期預金	○○銀行 ××支店	500万円	長男	?	同銀行に50万円ほど普通預金あり
母	定期預金	○○信用金庫 ××支店	300万円	長女	?	
母	定額貯金	郵便局	300万円	長男	?	通常貯金20万円あり
		小計	1100万円			
長男	定期預金	○○銀行 ××支店	450万円	?		少しずつ贈与したもの
		小計	450万円			

※表にある「相続人」の欄には、法律で決められた相続人ではなく、親が相続させようと考えている人を書き込む。「相続人の合意」の欄は、相続させようとする人だけではなく、他の相続人の合意も取れているかを踏まえて、チェックする。

親が亡くなったとき、ライフラインに必要なお金が滞らないようにするため、**お子さん自身の預金がほとんどない場合は、お子さん名義の預金を作っておく**ことも大切です。

(2)保有している有価証券を確認する

⇩購入した価格ではなく、現在の価格（時価）を書き出します。わからなければ金融機関に確認しましょう。

株式や投資信託、金など、**運用商品について現在価格（時価）を書き出します**。

時価については、年に数回、証券会社から送られている書類で確認できるほか、上場している株価なら、新聞でも前日の価格がわかります。

ネットを使えるのであれば、直近の価格がわかりますし、投資信託についても、ネットで基準価額を調べられます。

ネットを利用していない場合は、それぞれの金融機関に電話をして確認するか、電話では聞き取るのがたいへんな場合は、直接出向いて確認しましょう。

●有価証券の一覧表例

名義	商品名	金融機関名	金額	相続人	相続人の合意	注記
父	株式	○○証券 ××支店	時価300万円くらい	母	○	購入時よりも150万円ほど含み損あり
父	投資信託	○○銀行 ××支店	時価150万円くらい	母	○	購入時よりも50万円くらい値下がり
父	国債	○○銀行 ××支店	500万円	長男	?	10回くらいに分けて購入している
		小計	950万円			

名義	商品名	金融機関名	金額	相続人	相続人の合意	注記
母	株式	○○証券 ××支店	時価30万円くらい	長男	?	
母	投資信託	○○証券 ××支店	時価250万円くらい	長女	?	購入時よりも70万円くらい値下がり
		小計	280万円			

※時価については、表に記載した日のものを記入。あるいは毎年3月末など、定期的に記入していくとなお良い。

(3) 保険の保障内容を確認する

⇩保険証券を見て、保障内容を一覧表に書き出します。内容が理解できない場合は　そのままにせず、保険会社に確認しましょう。

現在加入している保険の、保障内容などを一覧表に書き出します。保険証券を手元に準備して、保険証券に記載されている内容を書き移しましょう。保険証券がすぐに見つからない場合は、保険会社から定期的に送られてくる「保障内容のお知らせ」などを参考にするとよいと思います。

保険証書には専門用語が多用されているため、自分が加入している保険の内容が理解しづらいこともあるかと思います。そんな時は、**わからないままにせず、保険会社の担当者にたずねたり、コールセンターに電話して、内容をきちんと確認しましょう。**

たとえば、死亡保障は２０００万円確保されていると思っていたのに、65歳以降は２００万円に減額されてしまっていた――などといった契約もあります。

２０００万円だと思っていたお子さんに残せる保険金が２００万円になってしまうと、サバイバルプランが成り立たなくなる可能性もあります。保険金額に間違いがあると、サバイバルプランにも影響を与えますので、正確な情報を書き込むためにも、保険会社にきちんと確認することが望まれます。

ひきこもりのお子さんに対しては、親御さんが亡くなった場合の死亡保障がどの程度確保されているかが重要になりますが、**親御さん自身の医療保障、あるいはお子さんの医療保障がどの程度確保できているのかも合わせて書いてください**。

医療保障については、入院1日につき、いくらの入院給付金がもらえるのかを書くほか、先進医療の保障がついていたり、がんでの入院の場合には入院給付金が増額される保障の場合は、そのことも注記として書き添えておきましょう。

●保険の一覧表例

名義	商品名	金融機関名	金額	相続人	相続人の合意	注記
父	終身保険	○○生命 ××支店	死亡保険金 300万円	母	○	保険料払い込み済
父	養老保険	○○生命 ××支店	満期保険金 100万円	母	○	保険料払い込み済 満期は平成30年7月
父	医療保険	○○生命 ××支店	入院1日 5000円	なし		保険料ひと月4000円
		死亡保険金計	**400万円**			

名義	商品名	金融機関名	金額	相続人	相続人の合意	注記
母	養老保険	○○生命 ××支店	満期保険金 300万円	長男	?	満期は平成32年8月
母	医療保険	○○生命 ××支店	入院1日 5000円	なし	?	保険料ひと月3000円
		死亡保険金計	**300万円**			

名義	商品名	金融機関名	金額	相続人	相続人の合意	注記
長男	養老保険	○○生命 ××支店	満期保険金 100万円	?	?	保険料払い込み済 満期は平成29年4月
		死亡保険金計	**100万円**			

保険の用語説明

終身保険……加入して早いうちに亡くなっても、100歳まで長生きしてから亡くなっても、支払われる保険金額は同額となる保障切れのない保険。ただし、運用型の終身保険の場合、運用の成果によって、途中解約では受け取れる保険金額が変動する（死亡保険金については基本保険金が最低保障される）。

養老保険……満期のある貯蓄性の保険。死亡して受け取る場合も、満期を迎えて保険金を受け取る場合も、保険金額は同額になる。貯蓄性があることから、バブルの頃までは、金融商品代わりに利用されることも多かった。郵便局の養老保険「はあとふるプラン」が有名。

医療保険……病気やけがで入院したり、手術を受けた場合に、入院給付金や手術給付金が受け取れる保険。保障の対象を「がん」に絞った、がん保険を扱っている保険会社も多い。最近加入したり、保険を見直した場合は、先進医療（厚生労働大臣等が認めた健康保険の効かない高度な医療技術）の保障が付いている医療保険が多くなっている。

(4) 不動産価格を確認する

⇩売却価値と相続価値の両方を調べます。不動産業者に調べてもらうか、ネットでもだいたいの相場は調べられます。

現在住んでいる家のほか、投資用物件を所有している場合は、すべての不動産の価値を調べます。

不動産の価値については、**売却価値と相続価値の両方を調べる**必要があります。

売却価値については、お子さんが家を売却した場合、いくらくらいを手にできるのかを知るために必要。相続価値については、相続税の支払いが必要になるかどうかを知るために必要な情報です。

〈売却価値について知りたい場合〉

売却価値については、近所の不動産業者に連絡し、売却をした場合にいくらくらいで売れるのかを調べてもらうのが確実でしょう。

とはいえ、まったく売る気がないのに、価格だけ知りたい場合は、真剣に査定してもらえないかもしれませんし、逆に「売ること」を強く迫られてしまうかもしれません。

そこで土地の価格については、**国税庁のホームページで「路線価」を調べて、だいたいの相場を調べる方法もあります**。

路線価の調べ方は、「国税庁」→「路線価図」→「平成○○年」（最新年のものをクリックしてください）→「お住まいの都道府県名」→「路線価図の中から、お住まいのエリア」と順番にクリックしていき、家の前の道路の価格を調べてください。

路線価図は千円単位で表示されていますから、「200」という単位になっていたら、「20万円」ということです。

金額の横についているアルファベットは、借地の割合です。たとえば、「200C」となっていたら、借地権の割合が70％になりますので、借地にお住まいの方は200×0・7＝140が1㎡当たりの土地の路線価になります。

路線価に0・8を掛けると、お持ちの土地のだいたいの相場がわかります。

おおよその売買価格＝路線価（千円）×土地の面積（㎡）×0・8

家屋の築年数が古い場合は、家屋の価格は売却価格にほとんど反映されないと考えて、

●路線価図のサンプルと見方

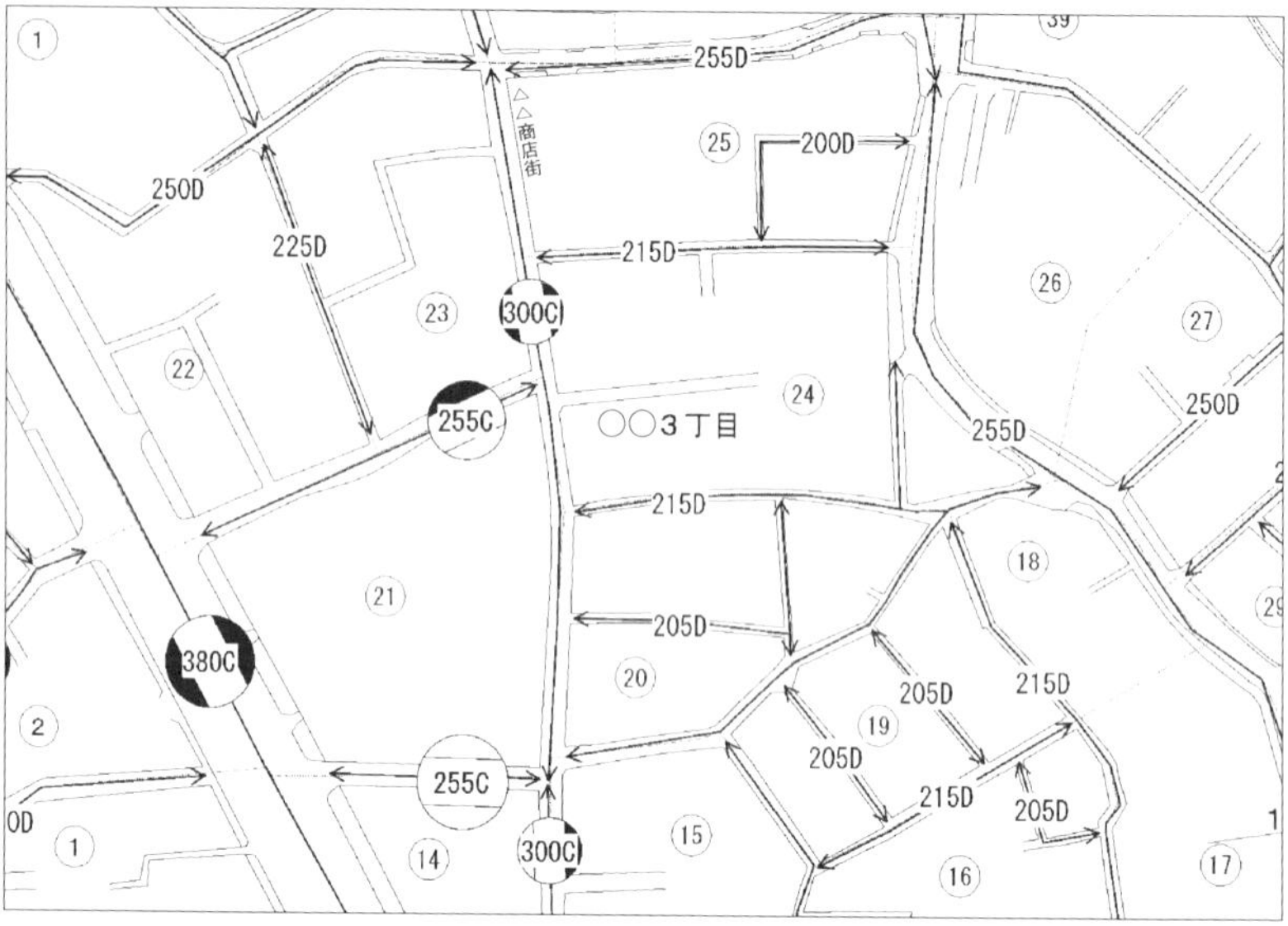

●道路上の数字が路線価です（単位：千円)。横についているアルファベットは借地権割合で、A＝90%、B＝80%、C＝70%、D＝60%、E＝50%、F＝40%、G＝30%となります。

●路線価を丸で囲んであるところもありますが、これはその地区の用途および借地権割合の適用範囲を示しています（下記参照)。

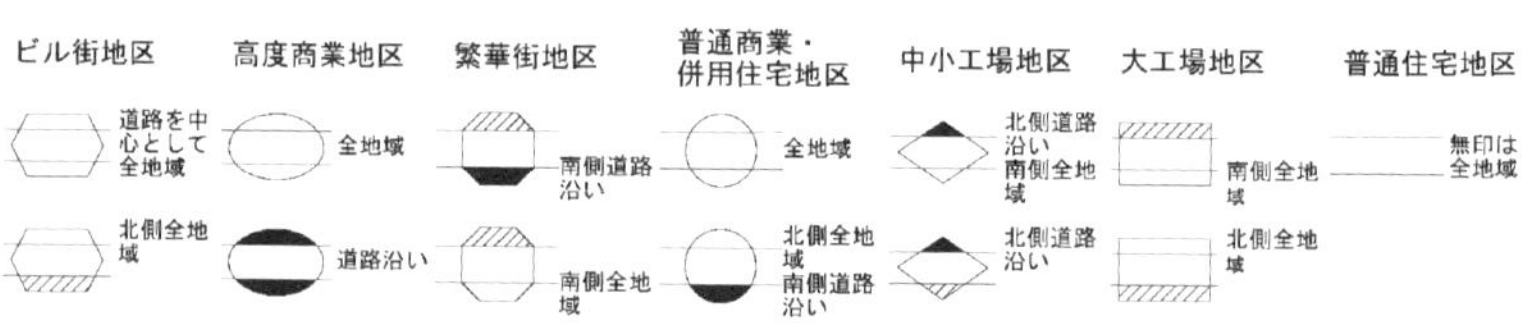

土地の売却価格だけをつかんでおけばよいと思います。

マンションの場合は、**同じ建物内で売却物件が出た時にチラシを入手したり、インターネットで売却物件を探して価格を調べます**。

マンションの売買サイトなどにマンション名を入力すると、売り物件がある場合にはその物件がヒットします。

＜相続価格について知りたい場合＞

先にご紹介した国税庁のホームページで「路線価」を調べます。調べ方は、土地の調べ方と同じです。

相続の際は、路線価を基準に相続価値を計算しますので、0・8を掛ける必要はありません。実際の相続時には、土地の形ごとに価格を調整する必要がありますが、まずは「おおよその目安」を知ることが大切なので、ここではそこまで言及しません。

相続税がかかりそうなご家庭で、正確に知りたい場合は、税理士などに相談されたほうがよいと思います。

コラム

注意しておきたい相続税の改正

平成22年４月から、「小規模宅地の評価減」という制度が改正になっています。小規模宅地の評価減とは、相続人と同居しているなどの一定の条件を満たせば、路線価から80%（事業用などは別の割合がある）を減額してくれる制度です。自宅の場合は、240㎡まで減額の対象になります。

平成22年３月までの制度であれば、相続人がひとりでも住んでいれば、相続した家のすべてを80%減額にできましたが、４月以降は制度が厳格化。被相続人（亡くなった方）と同居している人が相続した持ち分だけ減額というのが、改正後の制度です。

そのため、ひきこもっているお子さん以外のご兄弟など、被相続人と同居していなかった方が相続された分は、路線価のまま相続財産に加算されます。

以前の相続では相続税がかからなかったご家庭でも、平成22年４月以降の新制度では、相続税が課される可能性があります。資産のほとんどを土地が占めるといったご家庭では、現在の制度で相続税がどのくらいかかるのかを調べておくことをおすすめします。

(5) 負債状況を確認する

⇩ローンの総額をつかむとともに、手元の貯蓄で清算する方法を検討しましょう。

預貯金など資産の確認をしたら、次に、住宅ローンやカードローン、車のローン、分割払いで支払っているものなど、負債の確認もおこないます。

負債については、現在残高がわかる書類（償還表など）を出して、現在の負債総額を計算（合計）してください。

親御さんが現役を退いているのに、住宅ローンがかなり残っている場合は、住宅ローンの返済方法を見直す必要も出てきます。

団体信用生命保険（ローンの利用者が亡くなった場合に、住宅ローンの残債を清算してくれる保険）がついているからと、手元に貯蓄があっても、あえて全額返済をしない方もいますが、住宅ローンの返済によって月々の家計が赤字になっていると、お子さんに残せる資産額が利息の分だけ実質的に目減りしてしまいます。

年金暮らしに入ったら、住宅ローンなどの借金返済をするのは避けたいので、**借金などの負債の総額をつかむとともに、手元の貯蓄を使って、借金を清算する方法を検討し**

ましょう。

車や家電などを分割払いで購入する習慣のある方は、分割払いの残高も調べて、負債に合算しておいてください。

⑹親の家計収支を確認する

⇩月々の収支が赤字になっていないかをチェック。家計簿を付けていない方は、2～3ヵ月でも付けて、状況を把握しましょう。

預貯金や有価証券の総額、保障内容とおおよその不動産価格がつかめたら、次は現在の月々の家計収支をチェックしましょう。

親御さんが年金暮らしに入っているご家庭では、家計収支が赤字になっているケースも多いものです。そのような場合、現状持っている預貯金が、お子さんに継承する頃には目減りしている可能性が高くなります。

家計簿を付けている方は、月々の収支が赤字になっているか、黒字を保っているかがつかめるはずです。**家計簿を付けていない方は、2～3ヵ月でも付けてみて、家計の状**

況をつかみましょう。

家計収支が赤字になっている場合は、**まずは親の生活から赤字を減らす努力が望まれます。**

赤字家計の見直し方法については、お子さんの家計費の見積もりなどと合わせて、次の第3章でご紹介します。

第3章

ひきこもりの子が生きのびていくための具体的対策

サバイバルプランを成り立たせるために

資産状況や現在の収支を書き出してみると、「今のまま節約を続ければ、意外に多くのお金を遺せそうだ」とか「家を賃貸併用住宅に建て直せば、親の生活も子どもの生活も何とか成り立ちそうだ」などと思えたご家庭と、「今の生活を続けていると、子どもにお金を遺すことができそうにない」と感じたご家庭の両方があるはずです。

そのどちらであっても、こうした現状認識ができていないと次のステップに進めません。

現在の資産状況では子どものサバイバルプランが成り立たないと感じたご家庭では、**どのような対策を打てば「何とかなりそう」に転換できるのか、自分たちができそうな対策を立てる必要があります。**

また、「現状のままで何とかなりそう」と思えたご家庭も、それは「親が自立した状態である」ことを前提とした見通しではないでしょうか。実際には、**親御さん自身に介護が必要になって、住み替えを余儀なくされるなど、資金プランに変化を及ぼす事態が**

おこらないとは限りません。

そのためここからは、ひきこもりのお子さんが親御さんが亡くなったあとも生きのびていくため、いまからどんな対策をしていかなくてはならないかを考えていきたいと思います。

なお、サバイバルプランを成り立たせるには、住まいの問題が重要なポイントになりますが、それについては、親御さんが介護状態になった場合への備えの話と合わせ、次の第4章で詳しく述べることにします。

①

現在の家計を黒字化する

(1)現在の家計費をチェックする

第2章の最後に、家計収支の確認について触れました。家計収支を確認し、黒字になっていれば、とりあえずOK。いっぽう、年金暮らしに入ってから赤字が増えたというご家庭は、**54〜57ページの家計表を参考にして、使いすぎている費目を探してみてください。**

ここに掲載した家計簿例は、年金月額別に見た、ご夫婦二人分の家計費の目安です。ひきこもりのお子さんをお持ちのご家庭では、お子さんの生活費も負担しているはずですから、年金だけの収入では赤字になってしまうご家庭も多いはずです。

家計表と比較してみて、使いすぎの費目は何かがつかめたでしょうか。使いすぎの費目がつかめたら、どの程度なら節約が可能かを、検討してみてください。

また、月々の生活費を把握するだけでなく、年間の赤字合計額についてもつかんでおきましょう。

それには、日常の生活費だけでなく、自動車税や自動車保険料、固定資産税、家具、家電等の買い換え費用や修理代など、特別出費についても書き出して、それを月々の赤字額（12ヵ月分）と合計します。

この合計額が、1年間に貯蓄が減っていく金額の目安ということになります。

●年金月額16万円の家庭の家計バランス（ご夫婦２人分）

年金収入（手取り）	16万円
◯食費	３万円
◯日用雑貨費	１万円
◯光熱・水道・電話代	２万円
◯教養娯楽費	１万円
◯レジャー費	１万円
◯交際費	１万円
◯医療費	１万円
◯被服費	5000円
◯夫小遣い	２万円
◯妻小遣い	１万円
◯雑費	１万円
◯社会保険料	１万5000円
合計	16万円

見直しのポイント

・**食費**…………１日1000円でのやりくりになるが、１週間の買い物を7000円までにすることを目標にしたほうが管理しやすければ、週単位のやりくりを。
・**日用雑貨費**…食品と同じ店で買い物をする機会が多い場合は、食費と合わせてひと月４万円という予算取りでもＯＫ。
・**医療費**………ここでは１万円としたが、実際にもっとかかっている場合は、貯蓄から捻出するか、教養娯楽費やレジャー費の予算を少し減らして対応する。
・**雑費**…………予備費としてもよいが、どの費目にも入りにくい出費に備えるため、雑費や予備費の費目は必ず設けるべき。

●年金月額20万円の家庭の家計バランス（ご夫婦２人分）

年金収入（手取り）	20万円
◯食費	4万円
◯日用雑貨費	1万円
◯光熱・水道・電話代	2万5000円
◯教養娯楽費	1万5000円
◯レジャー費	1万5000円
◯交際費	1万5000円
◯医療費	1万5000円
◯被服費	5000円
◯夫小遣い	2万円
◯妻小遣い	1万円
◯雑費	1万円
◯社会保険料	2万円
合計	20万円

見直しのポイント

・**食費**……１日1300円でのやりくり。３日で4000円の予算建てをすると、管理がしやすい。
・**教養娯楽費・レジャー費**…それぞれ１万5000円の予算がとれる。両方合わせて、ひと月３万円という考え方もできる。
・**医療費**…年金月額が16万円のケースでは１万円の予算どりが限界だったが、年金が20万円になると、１万5000円にアップさせられる。
・**雑費**……食費や日用雑貨費の変動に備えて、雑費を１万円確保。これも予備費として、どの費目にも入らない出費に充てる。

●年金月額24万円の家庭の家計バランス（ご夫婦２人分）

年金収入（手取り）	24万円
○食費	５万円
○日用雑貨費	１万円
○光熱・水道・電話代	３万円
○教養娯楽費	１万5000円
○レジャー費	１万5000円
○交際費	２万円
○医療費	２万円
○被服費	１万円
○夫小遣い	２万5000円
○妻小遣い	１万円
○雑費	5000円
○社会保険料	３万円
合計	24万円

見直しのポイント

- **食費**……１日の予算を1500円とし、家での食費はひと月４万5000円を目指す。残りの5000円は、うまくやりくりできたときの外食費に充てることも。
- **教養娯楽費・レジャー費**…合わせて月３万円の予算取りができる。毎月使わず、数カ月分貯めて、小旅行にでるのもおすすめ。
- **医療費**…２万円を確保。予備費として毎月２万円をプールし、病院通いをしたときに備えてもよい。
- **雑費**……各費目の予算がほどほどに取れるので、雑費は16万円の年金月額と同じく5000円にしてある。
- **予備費**…予備費の予算を１万～１万5000円程度取っておくと、冠婚葬祭費などに充てられる。

●年金月額12万円の家庭の家計バランス（ご夫婦２人分）

年金収入（手取り）	12万円
○食費	３万円
○日用雑貨費	5000円
○光熱・水道・電話代	２万円
○教養娯楽費	5000円
○レジャー費	5000円
○交際費	5000円
○医療費	１万円
○被服費	０円
○夫小遣い	１万5000円
○妻小遣い	１万円
○雑費	5000円
○社会保険料	１万円
合計	12万円

見直しのポイント

・**食費**……１日1000円でのやりくりになるが、１週間の買い物を7000円までにすることを目標にしたほうが管理しやすい。

・**日用雑貨費**…食品と同じ店で買い物をする機会が多い場合は、食費と合わせてひと月３万5000円という予算取りでもＯＫ。

・**医療費**…ここでは１万円の予算を立てたが、実際にもっとかかっている場合は、貯蓄から捻出するか、教養娯楽費やレジャー費の予算を少し減らして対応する。

・**被服費**…予算を取りたいところだが、被服費の予算を取ると、他の費目の予算が減ってしまうので、洋服がほしいときはそれぞれのお小遣いから購入するのが現実的といえる。

・**雑費**……予算取りが厳しいが、それでも5000円くらいは雑費として考えておいたほうがいい。

(2)子どもにかかっている出費を把握し改善する

家計を黒字化するには、お子さんにかかっている出費にもメスを入れることが必要です。ひきこもりのお子さんは「あまりお金を使わない」といわれることもありますが、相談を受けていると、そのようなケースばかりではないと感じます。

たしかに洋服代や理容費などにはお金はかかりませんが、パソコン関係の出費や趣味の雑誌などの出費が、月に2～3万円くらいあるケースも少なくないからです。定期的に買い換えるパソコンや周辺機器の費用もバカになりません。

お子さんに言われるままに、趣味の本や雑貨などを買い与えているご家庭は少なくありませんが、**使えるお金には上限を設けたほうがよい**と思います。

「言われるままに買ってこないと、息子が怒って暴力を振るうから、仕方ない」という場合は、親御さんの身に危険が及ぶので、強い態度には出ないほうが安全ですが、「何となく言われるままに買っている」ご家庭では、「おこづかいはひと月1万円にして。その中でなら好きなものを買ってもいいよ」など、使えるお金に上限を設けましょう。

お子さん自身と収支について話し合うのが難しい場合は、**出費に関する親側の希望を紙に書き出して、お子さんに買い物を抑えてほしいという親の意思を伝える**のが無難です。

また、ひきこもっているお子さんは、食事の好みについても、こだわりが強いと言いますか、食べるものと食べないものがハッキリしているケースが多いと感じます。

そのため、親の食事とは別に、お子さんのためのメニューを作っているというご家庭もあります。そのようなケースでは、食費コストも割高になっているのが一般的です。

お子さん自身にかかっている出費額については正確に把握しづらい部分も多いですが、**おこづかいに分類できるようなお金については、きちんと支出内容を書き出して、お子さんにかかっているひと月の金額をつかんでおきましょう。**

何度も繰り返しますが、サバイバルプランは、親の持つ資産を活用して、お子さんの老後の生活費までねん出しようとするものですから、生活費の赤字の主な原因がお子さんにある場合は、なんとしてでも改善すべきだと思います。

(3)お子さんが一人遺された場合の生活費は？

次に、お子さんがひとり遺された後の生活費について考えてみます。次ページに、家賃のかからないケースと家賃がかかるケースで、お子さんにかかる生活費の例をご紹介しています。

まず、家賃のかからないケースでは、ひと月10万円を目安にしています。

生活費をひと月10万円に抑える時のポイントは、食費を3～4万円程度で抑えること。

食費を抑えるには、お子さん自身がご飯を炊けるようにするのが確実だと思います。

ご飯さえあれば、おかずは缶詰や瓶詰を食べたり、お茶漬けにするなど、何とかお腹を満たすことができます。

もう一つのポイントは公共料金です。公共料金は、電気、ガス、水道、電話、NHKの受信料、インターネットのプロバイダー料などで3万円くらいが目安です。

食費と公共料金で6～7万円くらいの生活ができると、その他の生活費と合わせて、ひと月10万円くらいで暮らせると思います。

お子さんひとり期の家計簿例

＜家賃が不要の場合＞

食費	4万円
電気代、ガス代、水道代（1ヵ月分）	2万円
通信費	1万円
日用雑貨＆被服費	1万円
教養娯楽費	1万円
医療費（入院以外）	5000円
国保料＆公的介護保険料	5000円
合計	10万円

※このほかに、固定資産税、住宅の補修費用、町内会費、入院した場合の医療費なども必要となる。

＜家賃が必要な場合＞

家賃	6万円
食費	4万円
電気代、ガス代、水道代（1ヵ月分）	2万円
通信費	1万円
日用雑貨＆被服費	1万円
教養娯楽費	1万円
医療費（入院以外）	5000円
国保料＆公的介護保険料	5000円
合計	16万円

※このほかに、更新料や入院した場合の医療費なども必要になる。

②

ひきこもりの子の生活を支える準備

(1) 公共料金の支払いをお子さん名義の口座に

本書の巻末対談に登場してくださった精神科医の斎藤環先生が、親御さん亡き後のお子さんの生活の状態を、**「在宅ホームレス」**になるのではないかと危惧されています。在宅ホームレスとは、自宅があるにもかかわらず、電気やガス、水道などのライフラインがまったく使えない状態を指します。

親が亡くなった後、ひきこもりのお子さんが名義変更や口座変更の手続きをおこなわないままにしておくと、電気などのライフラインが止まってしまう可能性があります。

そのようなことを防ぐために、**親御さんが元気なうちから、電気・ガス・水道などの名義をお子さん名義に変えることをおすすめしています。**

電気・ガス・水道代などは、家族の中で自由に名義を決められます。そこで、親御さんと一緒に生活しているときであっても、契約者の名前をお子さん名義に変えておき、料金もお子さん名義の口座から引き落とすようにするのです。

ちなみに、電気・ガス・水道代など生活費として使われるお金であれば、お子さん名義の口座にお金を入金しても、通常は贈与税の対象にはならずにすむはずです。

ただ、どうしても税金が心配ということであれば、お子さんの口座に移す金額を年間110万円以下に抑えておくといいでしょう。**贈与税の基礎控除が110万円なので、110万円以下であれば、お子さんの口座に親のお金を移動させても贈与税の心配はありません。**

電気やガスなどのライフラインだけでなく、家の電話代についても、お子さんの名義に変えておくと、親亡き後、電話が不通になってしまうのを避けられます。

親が亡くなってから後見人に手続きを頼もうと思っている方もいますが、親御さん自身が手続きをしたほうがより確実だと思います。

(2)国民年金保険料の免除申請を

公共料金に加えて、国民年金保険料や国民健康保険料などの社会保険料、固定資産税などの各種税金の支払い方法も検討しておく必要があります。

お子さんが働けない＝収入がない場合は、国民年金保険料は免除を受けられるはずです。国民年金保険料の免除を受けられると、保険料を支払わないまま、保険料を納めた人がもらえるはずの年金額の半額程度がもらえます。

免除を受けるためには、お住まいの地域の役所の国民年金課に行って、免除申請をおこなう必要があります。

全額免除の手続きは、毎年継続しておこなわなくても、免除が適用されるのが一般的です。ただし、**一度も免除申請をおこなわないでいると、将来、老齢基礎年金を受け取れないだけでなく、障がい基礎年金を受け取れるケースでも、受給資格を失ってしまう可能性があります**。障がい年金は、滞納期間が長いと支給されないケースがあるからです。

(3) 国民年金基金への加入も検討

ひきこもりの子の国民年金保険料を親が全額払っているご家庭では、国民年金の上乗せ年金として、国民年金基金への加入も検討できます。国民年金基金は、国民年金の第1号被保険者だけが加入できる制度です。**将来もらえる年金額を、自分の保険料負担能力によって、数千円、あるいは1万円単位で増やせます。**

たとえば、40歳ちょうど（0ヵ月）のお子さんが将来もらえる年金をひと月1万5000円（年額18万円）増やしたい場合、加入する国民年金基金のひと月の保険料は1万1535円になります。2万円増額したい場合は、ひと月1万5380円の保険料負担です。仮に、お子さんのひと月の国民年金額が6万6000円だとして、国民年金基金からの受給額が2万円の場合、ひと月8万6000円がお子さんの年金額になります。

家計費のところでご紹介したとおり、家がある場合のお子さんの生活費はひと月10万円と仮定しています。ひと月の生活費が10万円だとして、8万6000円の年金がもらえれば、赤字額がかなり抑えられます。親が持つ資産で、お子さんが食べていける可能性も高まるわけです。

「国民年金の保険料に加えて、国民年金基金の保険料までとても負担できない」というご家庭も多いでしょうが、負担が可能なご家庭は、お子さんの生活設計がかなり好転しますので、加入を検討してみてください。

(4) 固定資産税の未納を起こさないために

お子さんに家を相続させる場合は、**固定資産税の支払い方も検討しておきましょう。**

固定資産税の滞納を続けると、将来的には家や貯金などを差し押さえられてしまう可能性もあるからです。家を差し押さえられたら、お子さん自身の生活が成り立たないだけでなく、お子さんが受ける精神的なダメージははかり知れません。

いきなり「転居」を促されたら、お子さんは何が起こったのかをきちんと理解できないまま、路頭に迷う可能性すらあるでしょう。

固定資産税については、現在支払っている金額をもとにすれば、お子さん自身が払わなければならない金額の予想もつくはずです。

マンションなどの場合は年々安くなっていくのが一般的で、土地の場合も、都心の一等地などを除けば、固定資産税の値上がりを心配する必要はありません。家屋については、年数が経過するほど、固定資産税も安くなります。

ただし固定資産税の支払いは、電気、ガスなどのライフラインのように、お子さん名義の口座から引き落とすことはできません。親御さんが亡くなって、お子さんが家を相続して名義も変更した後でないと、お子さん名義の口座から引き落とせないのが一般的です。

名義変更の手続きを兄弟姉妹や後見人などがおこなう場合、引き落とし口座の変更も合わせておこなってもらえるように、亡くなったときにしてほしい手続きなどをノートにまとめて書き記しておきましょう。

(5)お子さんの医療保障の確保を検討する

お子さん自身のために、医療保険などの保険に入りたいと考える方もいます。その際にポイントになるのは、**お子さん自身が精神科などを受診しているか否か**です。

すでに受診歴があって、何らかの病名が診断されている場合は、民間の医療保険には入りにくくなります。精神的な病気と診断されると、保険会社側の引き受けはかなり制限されるのが現実なのです。

いっぽう、「なかなか子ども自身を受診させられない」とお困りのご家庭は、「受診歴なし＝病歴なし」になりますので、お子さん自身が契約に立ち合えれば、医療保険に加入できる可能性が高くなります。

契約に立ち合うのが難しければ、郵送でやりとりするだけで加入できる医療保険を選択することも可能です。

お子さんにうつなどの症状がある場合は、特定の病気を不担保にすることで加入できる保険が検討できます。

たとえば、エイ・ワン少額短期保険株式会社*では、**加入条件個別設定型の医療保険「エブリワン」**を扱っています。

エブリワンは、「特定疾病不担保制度」を取り入れ、持病や既往症などを不担保にする（保障しない）という条件で加入できる医療保険。民間の保険会社が扱っている「限定告知型」のような、加入条件を緩和した医療保険に比べると、保険料が安いのが魅力

＊エイ・ワン少額短期保険株式会社　フリーダイヤル0120-33-1788

です。

保障内容と保険料の一例をご紹介しましょう。

入院日額5000円（1入院は60日間保障）、入院一時金2万5000円、手術給付金5万円、長期入院一時金2万5000円（61日以上の入院を保障）のコースに加入する場合、保険料は40歳から44歳の男性でひと月2450円、45歳から49歳の男性でひと月2760円の負担ですみます。50代になっても、保険料の負担は3000円台となっています。

現状の健康状態で加入できるか否かは、「事前査定サービス」を利用することで確認できます。お子さんに持病がある場合は、エブリワンへの加入を検討してはいかがでしょうか。

お子さんが受けている病名の診断が、知的障がいや発達障がいなどの場合は、「ぜんちのあんしん保険」という、知的障がい、発達障がいをお持ちの方専用の保険に加入する方法があります。

「ぜんちのあんしん保険」は、ぜんち共済*という名前の少額短期保険会社が扱っている医療保険。図表のように、保険料が安いのに保障内容はとても充実しています。

＊ぜんち共済株式会社　フリーダイヤル0120-322-150

ぜんちのあんしん保険の保障内容

		Aプラン	Bプラン	Cプラン
万が一の場合	死亡保険金	10万円	50万円	200万円
	特定重度後遺障害保険金	―	50万円	200万円
病気やケガの保障	入院保険金日額	10,000円※ （一入院30日限度）	10,000円※ （一入院60日限度）	10,000円※ （一入院60日限度）
	手術保険金 （一入院につき一回）	―	30,000円	30,000円
	入院一時金 （一回の入院につき）	10,000円	10,000円	10,000円
	傷害通院保険金日額	1,000円 （一通院30日限度）	1,500円 （一通院60日限度）	2,000円 （一通院60日限度）
権利擁護費用	法律相談費用	5万円までの実費	5万円までの実費	5万円までの実費
	弁護士費用	100万円までの実費	100万円までの実費	100万円までの実費
	接見費用	1万円までの実費	1万円までの実費	1万円までの実費
賠償責任	個人賠償責任保険金	最高1,000万円 （自己負担なし）	最高1,000万円 （自己負担なし）	最高1,000万円 （自己負担なし）
年間保険料		15,000円	23,000円	32,000円

※てんかん治療のための入院は5,000円となります。

保障内容を抜き出してご紹介すると、年間1万5000円の保険料負担で、1泊2日の入院から1日1万円の入院給付金が受け取れます。100万円までの実費が払われる弁護士費用や、最高1000万円の個人賠償責任補償もついています。

たとえば、パニックを起こしてしまい、デイケアで通所していた施設のドアや家具などを壊してしまったり、自転車に乗っていて、他人にぶつかってケガをさせてしまった場合などは、対物賠償や対人賠償の保険金が相手側（被害者側）に支払われます。

さらに、本人の判断がつかないまま

投資商品を購入してしまった場合などは、無効の訴えを起こすためにかかった弁護士費用なども権利擁護費用保険金として支払われます。

いっぽう、お子さんの受診がまだで、病名診断されていないご家庭では、ネット経由、あるいは電話申し込みで資料を取り寄せ、商品内容を比較検討してみてください。

お子さん自身の医療保障があると、入院時に貯蓄から全額を支払わずにすみます。生活費を抑えて暮らす中では、医療保険からの給付金はありがたい収入になるはずです。

(6) 成年後見制度について知っておこう

親の亡き後、誰にお子さんのサポートを頼めばよいのかは、ひきこもりのお子さんを持つご家庭にとって、共通の課題と言えるのではないでしょうか。

後見人を頼む際、一番望ましいのは兄弟姉妹ですが、親の関心やお金がひきこもっているお子さんに集中しがちなため、兄弟間の仲が悪くなっているケースは珍しくありません。

兄弟姉妹の仲が悪い場合、あるいは兄弟間の交流が途絶えているような場合は、後見人になってほしいと頼んでも、引き受けてもらえないケースもあります。

兄弟姉妹に頼めない場合、考えられるのは成年後見制度の利用です。成年後見制度には、「法定後見制度」と「任意後見制度」の2つがありますが、ひきこもりのお子さんの場合は、任意後見制度を利用することになるでしょう。法定後見制度は、認知症などで判断能力が著しく低下した場合などに利用するのが一般的だからです。

任意後見制度とは、銀行での手続きが難しかったり、財産管理を任せられない場合などに、任意後見人に資産管理などのサポートをしてもらう仕組みです。

その利用にあたっては、任意後見人を誰に頼むか、具体的にどのようなサポートをおこなうか、任意後見人に支払う報酬額はいくらなのかなどをあらかじめ話し合い、公正証書の形式で契約書をつくる必要があります。

任意後見制度にかかる費用はそれなりに高額

任意後見人は、兄弟姉妹などの親族後見人のほか、弁護士、司法書士、社会福祉士などの専門職後見人が務めます。親族後見人の場合、報酬はなしになるのが一般的ですが、専門職後見人の場合は、ひと月3～5万円くらいかかります。

いずれにしても、**任意後見制度を利用できるか否かは、親の持つ資産を洗い出し、将来の収支をシミュレーションしてみないとわかりません。任意後見人に依頼したいと考えているご家庭は、費用が捻出できそうかを先に検討してみることをおすすめします。**任意後見人について一生懸命勉強しても、報酬を払えなければ意味がないからです。

後見人の主なサポート内容は、財産を管理すること、お子さんの代わりに契約を締結することの2つ。具体的には、年金や預貯金の管理、税金や公共料金の支払い、生活費の送金や物品の購入、入院の手続きや介護サービスの手続きの申し込みやその支払いなどをおこないます。不動産の管理をおこなうケースもあります。

気を付けたいのは、**サポート内容にお子さんの身の回りの世話は含まれていない**こと。お子さんの食事を作ったり、掃除、洗濯、介護をすることは任意後見人の仕事ではないため、日常生活のサポートまで頼みたい場合は、任意後見人に在宅サービス提供者を探してもらい、別途契約を結んでもらうことになります。

誰に、何を、いくらで頼むのかを話し合いで決めたら、その内容をもとに契約書の原案を作ります。契約書の原案作成を法律の専門家に依頼する場合、その費用は10万円前後かかるのが一般的です。

依頼内容が決まったら公証役場に行き、原案を公正証書にします。お子さん本人が公証役場まで出向けない場合は、親が代わりに出向くか、または公証人に自宅まで来てもらう方法もあります。自宅まで来てもらう場合は、日当や交通費が加算されます。

公正証書作成のために必要なものは、それぞれのケースで異なるので、原案を作ってもらうときに確認しておくのが望ましいと思います。あいだに弁護士などの専門家が入る場合はその人に、専門家を介在させない場合は、公証役場に問い合わせて確認をしておくようにしましょう。

サポート開始には申し立てが必要

任意後見人によるサポートが、いつから始まるのかも押さえておきたいポイントです。任意後見人のサポートは、自動的に始まるわけではなく、サポートを開始してもらうためには家庭裁判所に申し立てをしなければなりません。申し立てができるのは、お子さん本人、その配偶者、四親等内の親族、任意後見人になります。

将来、お子さん自身や親族が、サポートの開始についての申し立てをするのは難しいと感じるならば、任意後見人に申し立てもしてもらえるような契約を結んでおけます。

任意後見人に申し立てを依頼するなら、申し立ての費用のほか、任意後見人への報酬も必要になります。

申し立て後、必要に応じて家庭裁判所の裁判官や書記官とお子さんが面談をしたり、家庭裁判所調査官が事情を尋ねたりします。さらにその後、家庭裁判所が任意後見監督人を決め、ようやくそこから任意後見人のサポートが開始されます。申し立てをしてからサポートが開始されるまでに3ヵ月から4ヵ月かかる点にも注意が必要です。

また任意後見の制度を利用し始めると、任意後見人のほかに、任意後見監督人に対しての報酬も発生します。

任意後見監督人の役目は、任意後見人の仕事をチェックすること。緊急時には任意後見人の仕事を代行します。

任意後見監督人の報酬額は家庭裁判所が決めることになっていますが、任意後見人に対する報酬の半額から3分の1程度かかるのが一般的です。

コラム

お子さんの日常生活力を高めるためのトレーニングを

ひきこもっているお子さんの多くは、ご飯を炊いたことがないと思われます。ですが、ご飯の炊き方は、何としてでも教え込んでほしいと思います。

ご飯を炊くのは週に一度でもかまいません。できるだけ多い量のご飯を炊き、ラップに小分けして、冷めたら冷凍しておきます。

冷凍すると、食べるたびに電子レンジで温めることになりますが、毎日炊くよりは手間が省けると思います。ご飯さえあれば、お子さんが栄養失調などに陥る心配は軽減するはずです。

「ご飯を炊くのは難しいから、レトルトご飯を利用すればいいじゃないか」という意見があるかもしれませんが、レトルトご飯を利用すると、ゴミの量がかなり増えてしまいます。定期的にゴミ捨てができないお子さんが多いはずなので、ゴミが溜まるのは避けたほうが賢明でしょう。

食事は日々の積み重ねなので、節約だけでなく、ゴミの量を減らすことも考えたいものです。食べ残した物の処分についても教えておかないと、虫がわいて不衛生になりますし、ゴミ屋敷になってしまう可能性もあります。

ご飯だけは炊けるように教えておけば、お子さんがやせ細ったり、最悪餓死することも避けられるのではないでしょうか。

お米は買いに行くのが難しくても、ネットスーパーや通販を利用すれば購入できます。ネットスーパーの中には、当日配達ができるところ（イトーヨーカドー、ダイエーなど）もあります。

お子さん自身が調べるよりも、親御さんが自宅の周辺で、ネット申し込みによって（お子さんが電話をしなくてもすむように）お米を配達してくれるところがないかを調べておくほうが安心です。ネットスーパーなら、惣菜も配達してもらえます。

親と一緒に暮らしているあいだは、お子さんの嗜好に合わせたおかずが用意されているはずです。食事に困った経験のないお子さんも多いでしょう。ところが、食事に窮した経験のないお子さんほど、親御さんが亡くなった後の食事に困ることが多くなるはずです。

そこで、親御さんが食事を作っているうちから、缶詰や瓶詰のように、お子さん自身が調達できそうなものも食卓に置くように心がけてはいかがでしょうか。

親御さんが亡くなった後は、手作りのおかずを食べるのは難しいわけですから、お子さんの将来の食生活を見据えて、お子さん自身で食事を取れるように準備していく必要があると思います。

③ ひきこもりの子に財産を確実に残すために

(1)保険を使って確実に財産を残す

第2章で、生命保険の加入状況を一覧表にまとめることをおすすめしましたが、表にまとめてみたとき、ひきこもりのお子さんに残すべき死亡保険金が不足すると感じられたご家庭もあると思います。そのようなケースでは、これから生命保険に加入して、死亡保険金を確保することも検討してみてください。

生命保険に加入することで、将来受け取れる死亡保険金は、相続の際、保険金の受取人として指定した人の「固有の財産」になります。

銀行預金などは、「○○に相続させる」という遺言書を残したとしても、兄弟姉妹から相続の権利を主張された場合は、まったく相続させないわけにはいきません。

これは、「遺留分」といって、法律で定められた相続人（法定相続人といいます）には、

確実な相続には生命保険の活用が有効

銀行預金・証券・不動産など

➡ひきこもりのお子さんに相続させるという遺言を残しても、そのとおりにならない可能性もある

生命保険

➡ひきこもりのお子さんに、残したい金額を確実に残せる

遺産の一定割合の取得が保証されているためです。

ところが、死亡保険金に関しては、この遺留分の制度が適用されないため、ひきこもりのお子さんに確実に財産を残すことができるのです。

兄弟姉妹から、親の遺言よりも多くの金額が欲しいと言われそうなご家庭では、ひきこもりのお子さんに対して遺したいと思う金額を死亡保険金の形に変えることで、確実に相続させられるわけです。

親御さんが何歳で亡くなられるかは予測不可能なので、保険種類は終身保険を選ぶのが望ましいと思います。

とはいえ、生命保険の場合、健康状態によっては、加入を断られるケースもあります。終身保険への加入を断られた場合は、個人年金保険に加入

できないかを調べてみてください。

一時払い（一括して保険料を払う）で個人年金保険に加入する場合に関しては、貯蓄と似たような条件になるので、**健康状態に問題がある方でも、加入できる可能性があるからです。**

生命保険信託を使えば計画的な受け渡しも可能

生命保険と信託商品との組合せで、**ひきこもりのお子さんに資産を計画的に渡していく方法**があります。その仕組みを、**「生命保険信託」**と言います。

生命保険信託では、ひきこもりのお子さんが受け取った死亡保険金を、本人にすぐ払うのではなく、信託銀行に預けて信託財産とします。信託財産にしておけば、銀行預金のように、暗証番号を知っている他の兄弟などがキャッシュカードで勝手に引き出すといったことも防げます。

信託財産の受け渡しについては、契約者（保険の対象となる被保険者でもあることが多い）である親御さんが、**いくらずつ、何年にわたって渡していくかを、生前に指定で**

きます。たとえば「毎年１００万円を、30年間にわたって、長男に支払ってほしい」といった親側の希望を、財産を守りながら叶えられるのです。

ただし、生命保険信託を扱っているのは、２０１２年6月現在、プルデンシャル生命1社のみです。

プルデンシャル生命では、死亡保険金３０００万円以上の保険契約があれば、誰でも生命保険信託の利用が可能になっています。３０００万円の死亡保険金を得られれば、年間の生活費を１００万円と仮定した場合、お子さんの30年分の生活費が確保できることになります。

歴史の浅い制度ではありますが、保険料の負担能力があるご家庭では、ぜひ検討してみてほしい仕組みといえるでしょう。

(2) 遺言書を定期的に作成する

遺言書については、自筆のものでいいので、毎年など、定期的に書くことをおすすめします。手書きの遺言を「自筆証書遺言」と言いますが、書く際は鉛筆ではなく、ボールペンなどを用いて、どの財産を、誰に譲るのかを、細かく書いていきましょう。

遺言書の例を次のページにご紹介していますが、**日付は年月日まできちんと書き、署名の後、印鑑を必ず押しておきましょう。印鑑は実印が望ましい**と思います。

書き損じた際は、二重線を引いて訂正印も押してください。書き損じが多い場合は、書き直したほうが無難です。

自筆証書遺言の場合、実際に相続が起こり、もめる可能性があるときには、家庭裁判所で検認の手続きが必要になります。検認の手続きとは、家庭裁判所の裁判官が、相続人全員の立ち合いのもとで遺言書を開封し、筆跡を確認したり、形式に則って作成されているかなどを確認する手続きです。

検認の手続きをお子さんたちにさせたくない場合は、公証人役場において、公正証書遺言を作成する方法があります。

公正証書遺言とは、公証人の前で、遺言の内容を口述し、遺言者の意思を正確に文章にまとめるもの。公正証書の作成料は、財産額や相続人の人数によって異なります。

一例として、相続する財産額が1人1500万円で、相続人が3人の場合、公正証書の作成費用は8万円くらいかかります。

遺言書の例

遺言書

遺言者・高橋和夫（昭和十年四月一日生まれ）は、左記の内容通り、財産を各自に相続させる。

一．東京都港区〇〇一丁目一番地の土地および家屋を、妻である高橋智子（昭和十二年六月一日生まれ）に相続させる。

二．和夫名義の預金、〇〇銀行〇〇支店、普通預金口座〇〇〇〇〇〇〇と定期預金口座〇〇〇〇〇〇〇は、妻の智子に相続させる。

三．和夫名義の預金、〇〇銀行〇〇支店、定期預金口座〇〇〇〇〇〇〇は、長男・高橋和之（昭和四十年八月一日生まれ）に相続させる。

四．二男・高橋和正（昭和四十二年十月一日生まれ）には、〇〇生命の終身保険、保険金額一千万円を相続させる。

平成二十四年四月一日

東京都港区〇〇一丁目一番地

遺言者　高橋和夫　㊞

(3) 兄弟姉妹へメッセージを伝えておこう

ここまでは、ひきこもっているお子さんのことだけを考えて、財産をそのお子さんに残す方法をご紹介してきました。ですが、兄弟姉妹がいらっしゃる場合は、ひきこもっているお子さん以外の方への配慮もしなければなりません。

生命保険の活用のところでご紹介したとおり、兄弟姉妹は法定相続人であり、遺言書などでひきこもっているお子さんにすべての財産を譲ると書いたとしても、遺留分を請求されたら渡さなければなりません。ひきこもっているお子さんには手続きができないとしたら、親の希望どおりの相続が実行されない可能性もあります。

ひきこもっているお子さんに兄弟姉妹がいるケースでは、親側の関心がひきこもっているお子さんに集中しがちなことから、兄弟姉妹が不満を持っているケースが多くあります。また、兄弟姉妹の仲は良くても、兄弟姉妹に配偶者がいれば、配偶者側から相続の権利を主張されないとも限りません。

親御さんが亡くなってからでは、社会で働いているご兄弟のほうが有利に相続を進めやすいので、**親御さんが存命中から、思いを口頭で伝えるようにしてほしいと思います。**

たとえば、こんなふうに話してみてはどうでしょうか。

「○○のことで、おまえにはいろいろ寂しい経験や悔しい思いをさせたことはわかっている。おまえは自立して、しっかりやってくれているので、援助もほとんどしてこなかったが、いつも申し訳ない思いを持ち続けてきたんだよ。そのうえ、○○のことを頼んだり、相続の際も不公平な形になるのはしのびないけれど、他に頼る人がいないわけだから、何とか理解してもらえないだろうか」

こうして、親御さん自身の口からご兄弟に理解を求めておくことは、ひきこもりのお子さんに多くの財産を相続させるうえで、絶対に必要なプロセスだと言えます。

第4章

ひきこもりの子に一生住める家を確保する

「自分たちのこれからの住まい」を健康状態の変化とともに考える

サバイバルプランが成り立つか否かを決める要素として大きいのは、**「住まいの確保」**です。

ひきこもっているお子さん自身には、家を建て替えるのは難しいはずなので、**親側が「お子さんが一生住める家」を確保しなければなりません。同時に、親側の住み替えについても検討しておく必要があります。**

お子さんのサバイバルプランを立てるはずなのに、親側の住み替えを検討してもらう理由は、現状では元気だとしても、近い将来、介護が必要にならないとは限らないからです。

介護が必要になれば、高齢者施設への入居など、住み替えを余儀なくされることも考えられます。とはいえ、ひきこもりのお子さんをお持ちの親御さんの特徴として、自分たちの住み替えについては、「想像もできない」とおっしゃるケースが目立ちます。

「子どもと離れて暮らしたら、子どもは生きていけない」と思われているので、親子別居はもちろん、部屋から出てこないお子さんを抱えての家の建て替えも不可能と思われている方が多くなっています。

ですが、サバイバルプランを成り立たせるためには、親側の住み替えや家の建て替えなど、生活が変化するようなプランの実行が必要なケースは少なくありません。そのため、**ひきこもりのお子さんがいるご家庭では、親が介護状態になったときに備えたプランをより綿密に立てておく必要があるのです。**

ここではまず、親子が健康な時の住まい、そして親に介護が必要になったときの住み替え先という視点から、住まいの確保を考えてみます。

① 親が介護状態になったときに備える

サバイバルプランを立てる際、介護のプランに力を入れる理由として、ひきこもりのお子さんの中には、親が要介護状態になっても、親の介護を担えない方が多いという現実が挙げられます。

親側が要支援や要介護の認定を受けたとしても、ケアマネージャーとのケアプラン作成に始まって、介護ヘルパーとのやりとりなども、ひきこもりのお子さんには難しいと考えるのが自然でしょう。自宅に第三者が上がるのを嫌がって、ケアマネージャーや介護ヘルパーが来ても、追い返してしまう可能性もあります。

親御さんの中には、支援や介護が必要な状態になっても、お子さんのために無理して家事をしようとする方も多いのではないかと想像します。しかし、**要介護状態になった場合は、別居したほうがお互いの生活のため、そして資金的にもよい可能性があります。**

そこで以下では、親が要支援や要介護の状態になった場合の住み替えについて考えます。

(1)「住み替え＝親子別居」も覚悟する

前述のとおり、ひきこもっているお子さんがいるご家庭に「親子別居」の話をすると、「想像したこともない」と言われるケースが大多数です。

「この子の面倒は私たちが見るしかない」と思われているわけですが、親御さんの体調によっては、無理が生じてくるはずです。食事づくりなどが難しくなっても同居にこだわり続けると、親側が体調を悪化させかねません。

もし介護ヘルパーを家に上げるのを拒絶するような事態になれば、日常の生活に支障が出るだけでなく、親御さんの体調がより悪化する可能性もあるでしょう。

そのようなことが起こると、親御さんのケアが放置されるだけでなく、お子さんが食事を取れなくなるなど、お子さん側の生活も成り立たなくなるかもしれません。

介護が必要になるか否かは今の時点ではわからないとしても、**要介護状態になったとき、お子さんに助けてもらうのが難しいご家庭では、「親子別居」を想定し、住み替えについても覚悟しておきましょう。**

⑵住み替え先を検討する

では、将来の親子別居について、具体的にどのように考えればよいのでしょうか。最初に、**介護が必要になった場合どのような住み替え先があるのか**の情報収集が必要です。同時に、**お子さんと別居した場合、お子さんの生活をどのようにサポートするのか**を検討しなくてはなりません。

要介護状態になったとき、住み替え先として候補に挙がるのは、**特別養護老人ホーム**だと思います。特別養護老人ホームは、要介護認定（要支援認定でもＯＫのところも）を受けている人が入所できる公的な施設です。資金負担も抑えられているため、介護が必要になると、入所を希望する方が多くなっています。

ただ、報道などでご存知の方も多いと思いますが、特別養護老人ホームは全国で40万人以上の待機者がいるのが実情。申し込んだとしても、すぐに入居できるわけではありません。同じ公的施設である老人保健施設（本来は3ヵ月とか6ヵ月などの期限がある施設ですが）や民間の介護付有料老人ホームなどで、空きが出るまで待機している人も少なくありません。

40万人以上の待機者といっても、実際には複数のホームに申し込みをしている人がほとんどなので、実数としてはもっと少ないはずですが、入所できるまでに数年は待たなければならないのが一般的です。

入所できるまでの間、ひきこもりのお子さんが介護を引き受けたり、特別養護老人ホームの申込みをおこなうのは現実的には難しいでしょう。

介護付有料老人ホームなどの見学を

介護を担う人がいないご家庭の場合、介護が必要になったときに検討するのは、**介護付有料老人ホーム**が順当でしょう。

介護付有料老人ホームとは、各自治体から「特定施設入居者生活介護」という指定を受けている施設です。この指定を受けている介護付有料老人ホームは、24時間、365日の介護を、一定の上乗せ料金でおこないます。

たとえば、一番重い要介護5の状態になった場合、ひと月3～5万円程度の上乗せ介護費を支払えば、24時間介護が受けられる――といった仕組みが一般的です。

中には、上乗せ介護費も含めて、1ヵ月いくらとしている介護付有料老人ホームもあります。

一例を挙げると、ニチイケアパレスが運営する介護付有料老人ホーム「ニチイホーム」は、多くの施設を20万円以下のランニングコストで運営しています。

しかもこのランニングコストの中には上乗せ介護費が入っています。公的介護保険の1割負担は別途かかるものの、介護状態が重くなっても、費用負担が変わらないのが安心です。

公的介護保険の1割負担分や上乗せ介護費を入れると、安いホームだとひと月17～18万円程度で探せますが、一般的にはひと月22～25万円程度かかると考えたほうがよいでしょう。

親側に住み替えの必要性が生じた際、ひと月25万円かかる老人ホームに住み替えるのか、ひと月18万円程度のところに住み替えるのかで、ひと月7万円もの差が生じます。住み替えてからの親の人生が10年だとすると、月々のランニングコストの差だけで800万円を超えます。入居時にかかる費用の差と合わせると、1000万円を超えるケースもあります。

介護による住み替えについては、介護が必要になってからあわてて探すと、費用負担で無理をしがち。その無理が、サバイバルプランを崩すことにもなりかねません。

介護が必要になったとき、介護を担ってくれる人がいないご家庭では、介護が必要になる前、できれば元気で、介護が想像できないうちから介護付有料老人ホームなどの見学をすることをおすすめします。

「自宅介護」が資金的に楽とは限らない

介護が必要になったとき、介護付有料老人ホームなどへの住み替えをおすすめすることが多い理由の一つに、**自宅介護のほうが資金の見積もりが難しい**点も挙げられます。

なぜなら、自宅で介護を受ける場合、公的介護保険のサービス上限額（次ページの表参照）までは1割負担で介護を受けられるものの、上限額を超えると、受けたサービス額を自己負担（10割負担）しなければなりません。

介護状態が重くなって、身内に介護の担い手がいない場合、公的介護保険のサービス

公的介護保険のサービス上限額

要介護度	支給限度額（1ヵ月あたり）	利用できる在宅サービスのめやす
要支援1	49,700円	**週2〜3回サービス** ◎週1回の介護予防訪問介護（ホームヘルプサービス） ◎介護予防通所介護または通所リハビリテーション（介護予防通所系サービス） ◎月2回の施設への短期入所
要支援2	104,000円	**週3〜4回サービス** ◎週2回の介護予防訪問介護　◎介護予防通所系サービス ◎月2回の施設への短期入所 ◎福祉用具貸与（歩行補助つえ）
要介護1	165,800円	**1日1回程度サービス** ◎週3回の訪問介護　◎週1回の訪問看護 ◎週2回の通所系サービス ◎3ヵ月に1週間程度の短期入所 ◎福祉用具貸与（歩行補助つえ）
要介護2	194,800円	**1日1〜2回程度のサービス** ◎週3回の訪問介護　◎週1回の訪問看護 ◎週3回の通所系サービス　◎3ヵ月に1週間程度の短期入所 ◎福祉用具貸与（認知症老人徘徊感知機器）
要介護3	267,500円	**1日2回程度のサービス** ◎週2回の訪問介護　◎週1回の訪問看護 ◎週3回の通所系サービス ◎毎日1回夜間の巡回型訪問介護 ◎2ヵ月に1週間程度の短期入所 ◎福祉用具貸与（車イス、特殊寝台）
要介護4	306,000円	**1日2〜3回程度のサービス** ◎週6回の訪問介護　◎週2回の訪問看護 ◎週1回の通所系サービス ◎毎日1回、夜間の巡回型訪問介護 ◎2ヵ月に1週間程度の短期入所 ◎福祉用具貸与（車イス、特殊寝台）
要介護5	358,300円	**1日3〜4回程度のサービス** ◎週5回の訪問介護　◎週2回の訪問看護 ◎週1回の通所系サービス ◎毎日2回、早朝・夜間の巡回型訪問介護 ◎1ヵ月に1週間程度の短期入所 ◎福祉用具貸与（特殊寝台、エアーマットなど）

※支給限度額は標準的な地域の例です。大都市の場合、介護サービスの内容に応じて利用料が10.5%など高くなるため、支給限度額は上記よりも高くなります。
※支給限度額を超えた分は全額自己負担になります。また、施設における食費や滞在費などは公的介護保険の給付の対象にはなりません。

（出所：生命保険文化センターHPより）

だけでは不足することが多いので、自己負担が月に10万円を超えるご家庭も少なくありません。

10万円ですめば、高齢者施設に住み替えるよりも安上がりですが、現実には**自宅介護で20〜30万円くらい支払っているご家庭はたくさんあります。**私の知り合いだけでも、ひと月50万円以上の介護費用を支払っているご家庭が4〜5家庭あります。

中には「そろそろ自宅を売却しないと、お金がもたない」と言っているご家庭もありますが、早めに年金プラス数万円程度の負担ですむ高齢者施設への住み替えを実行していたら、貯蓄が底を突きそうになって自宅を手放すこともなかったと思われるケースもあります。

「要介護が必要になっても、自宅にいる」とおっしゃる方は多いですが、資金面からいうと、自宅と住み替えでどちらが高くつくかの結果はわかりません。自宅介護は介護状態が重くなるほど費用負担が重くなるため、サバイバルプランが崩れてしまう可能性を秘めています。

自宅介護にこだわり続けると、施設介護よりも高くつくケースが少なくないことは知っておいたほうがよいと思います。

少し余談になりますが、私は仕事上の必要もあって、今まで200ヵ所くらいの高齢者施設の見学をしています。

見学の回数を重ねるほど感じるのは、**介護が必要になる前に見学することの大切さ。**

介護が必要になってからでは、入居に関するさまざまな契約事項を読みこなすのは難しいとも感じます。

また、「高い施設＝サービスの良い施設」とは限らず、「安い施設＝サービスの悪い施設」とも限らないことも、見学を重ねるたびに感じています。

介護が必要になった場合、居心地のよい場所で人生の最期を迎えられるか否かは、元気な時の努力（情報収集力）が左右するといっても過言ではありません。

それなのに、住み替えについて考えてもらうように促しても「そのうち、考えます」と言われることがほとんど。「うちは、それどころじゃない」と怒られることもあります。

とはいえ、年をとればとるほど、見学などの腰は重くなるはず。せめて**親側の年齢が70代に入ったら、先送りにしないで、介護付有料老人ホームの見学に行くこと**をおすすめします。

介護が必要な親御さんが放置されたまま、ご飯も食べられず、お風呂にも何年もいれてもらえないといったことが起こらないとも限らないと、胆に銘じておきましょう。

分譲型のシニアマンションに親子一緒に住み替える

ご相談者に70代や80代の方が増えるにつれ、「介護」という問題を切り離しては考えられないと感じるケースが増えています。とはいえ、実際に介護が必要になったからと言って、「ひきこもりのお子さんを残しての住み替えは難しいだろうなあ」と思い続けてもきました。

そのような中、熱海を中心に自立型のシニアマンション「中銀ライフケア」を展開する中銀インテグレーションでは、**親子一緒の住み替えを検討できる**ことがわかりました。

中銀ライフケアは、私自身、何度も見学に行っていますが、「ひきこもりのお子さんを抱えた同時住み替えはできないでしょうか」と尋ねたところ、「お子さんの年齢や状態によっては、引き受けも検討します」という回答をもらいました。

中銀ライフケアへの住み替えの最大のメリットは、シニアマンションの購入費用が安いことです。今まで8施設ほど見学していますが、100万円から300万円程度の資金で、マンションの1室を購入できます。

月々の利用料は、管理費や食事（3食）、修繕費、水道代などを含めて、1人だと9～12万円程度、2人で暮らしても15～17万円程度ですみます。

私が、親子同時住み替え先に中銀ライフケアを検討できると思った最大のポイントは、食事の際、「岡持ち」（3000円程度で購入）を利用できることです。

ひきこもりのお子さんは、レストランで食事をするのは難しいはず。介護付有料老人ホームなどでは、食事はレストランや食堂、リビングなどで取るルールになっているのが一般的で、毎食、部屋で食べられるホームはめったにありません（体調が悪い時などを除く）。

ところが、中銀ライフケアの場合は、岡持ちの中に食事を入れておいてくれるので、自分が都合のよい時間に岡持ちを取りに行き、食べ終わったら岡持ちを再び預けられます。

つまり、**他人と顔を合わせず、お子さんは部屋で食事ができる**のです。親御さんだけレストランで食事を取り、帰りにお子さんの食事（岡持ち）を持ち帰ることも可能です。

そして、**もう一つのポイントが部屋の広さ。**

介護付有料老人ホームの場合、部屋の広さは14～25平方メートル程度が多くなっています。仮に広さが25平方メートルだとしても、親子で暮らすには狭すぎるでしょう。ベッドを2台入れることはできませんし、お子さんだけのスペースを取ることも不可能。区切られた自分だけのスペースがないと、お子さんの精神状態が悪くなってしまうことも考えられます。

とはいえ、親子で何とか同居できそうな30平方メートル以上の部屋を探すと、入居一時金が高くなるか、場所を選ぶのが難しくなってしまいます。そもそも、これまで数多くの高齢者施設を見て回りましたが、親子同時住み替えについて「検討します」と言ってくれたところは、高額な費用負担が必要なところばかり。ふつうの家庭が住み替えを検討できそうなところは他に一つもありませんでした。

そのような中で中銀ライフケアの物件は、40平方メートル以上の部屋が多いので、お子さんと部屋を分けて使うことも可能だと思います。

入居できる年齢に制限があり、原則として55歳以上（一部、45歳以上から入居できる物件もある）。親御さんが80代になったとき、50代のお子さんを連れて住み替えるというイメージです。

介護が必要になってからの住み替えでも、要支援から要介護1～2くらいなら相談にのってもらえると思います。中銀ライフケアに住んで、在宅扱い（自宅と同じ）で介護サービスを受けることも可能だからです。

ただし、親の介護度が重くなってからの住み替えには適しません。介護度が重い場合は、介護付有料老人ホームを検討するのが順当です。

中銀ライフケアに関しては、現在のところ自立はしているけれど、ひきこもりのお子さんと地域で孤立したまま生活しているくらいなら、食事のサービスと見守りを受けつつ暮らしたいとか、現在すでに要支援などの認定を受けており、お子さんのご飯を作るのが大変になってきた場合などに検討されるといいと思います。

100～300万円程度の資金で所有権のマンションを手に入れられれば、現在の住まいは売却せずに、賃貸に出すプランも立てられると思います。

賃貸収入が見込めると、サバイバルプランが楽になるのは言うまでもありません。

② 親亡き後の子どもの住まいを確保する

(1) 自宅の建て替えと活用

ここからは、自宅を活用して、ひきこもりのお子さんの一生の住まいを確保する方法を考えます。

これについては、現在住んでいる家の築年数が浅く、お子さんが老後まで住めそうだという場合は、急いで検討しなくても大丈夫です。

いっぽう、**築年数が古い場合は、親がいるあいだに住まいを建て直してあげないと、お子さんが一生住める家を確保できない可能性もあります。**

お子さん自身が家を建て直すのは現実的ではないので、高額なお金の動く家の建て替えについては、できるだけ早く、検討に入ることをおすすめします。

「減築」や「賃貸併用住宅」も検討

自己資金で家を建て替える場合は、どのくらいの金額なら貯蓄に手を付けても大丈夫そうかを、資産の総額を眺めながら検討しましょう。

建て替える場合には、現在の家よりも「減築」をして居住面積を減らしたり、土地の半分だけに家を建て、残りの半分は庭として使って、将来、売却して現金化できるようにするのも一つの考え方です。

お持ちの土地が都市部であれば、賃貸併用住宅に建て替える方法もあります。

賃貸併用住宅に建て替えられれば、家賃収入が入ってくるので、建て替えで減ってしまった資産を少しずつ回復することができます。また、それにより、親御さんが亡くなった後のお子さんのサバイバルプランは成り立ちやすくなります。

お子さんがひきこもっていると、同じ敷地内に他人が住むことを敬遠する傾向にありますが、資金が底を突いてサバイバルプランが不可能になる不安を軽減するほうがよいと思います。

建て替えの資金がねん出できるのであれば、自宅を賃貸併用住宅に建て替え、周辺の相場よりも家賃を安くする代わり、事情を理解してくれるような賃借人に住んでもらうといった工夫も考えてみるとよいでしょう。

(2)リバースモーゲージを活用する

ところで、読者の皆さんは**リバースモーゲージ**をご存知でしょうか。

リバースモーゲージというのは、住んでいる家（実際には土地）を担保にして、金融機関などからお金を借りるシステムのことです。

リバースというのは「逆」という意味で、モーゲージは「住宅を担保にお金を借りること」を意味します。持ち家を担保にしてお金を借り、借りたお金を老後資金として活用するのがリバースモーゲージ本来の仕組みです。

リバースモーゲージは、一部の金融機関や社会福祉協議会などで扱っています。取扱い先によって仕組みは少しずつ異なりますが、私はふだん、東京スター銀行の金融商品型リバースモーゲージ「充実人生」をご紹介することが多くなっています。

東京スター銀行のリバースモーゲージは、銀行が査定した担保の範囲内なら、自分が必要な金額を一括で借りることができるだけではなく、商品性に他のリバースモーゲージとは違う特徴があるからです。

リバースモーゲージを利用して賃貸併用住宅に建て替える

「充実人生」が他とは違う点として、「預金連動型」の仕組みを利用できることが挙げられます。

預金連動型の仕組みとは、東京スター銀行の普通預金に預けた金額と同額までは、リバースモーゲージからの借り入れに利息がかからないというものです。

一例として、次ページの図を見ていただくと、土地を担保に2000万円を借り入れた場合でも、手元のお金から2000万円を普通預金に預けることで、借金分の利息はゼロになります。ただし、申込時に10万5000円、毎年の管理料として1万2600円がかかります。

このようにご紹介すると、「2000万円持っているなら、借金をしないで手元のお

〈金融商品型リバースモーゲージの活用例〉

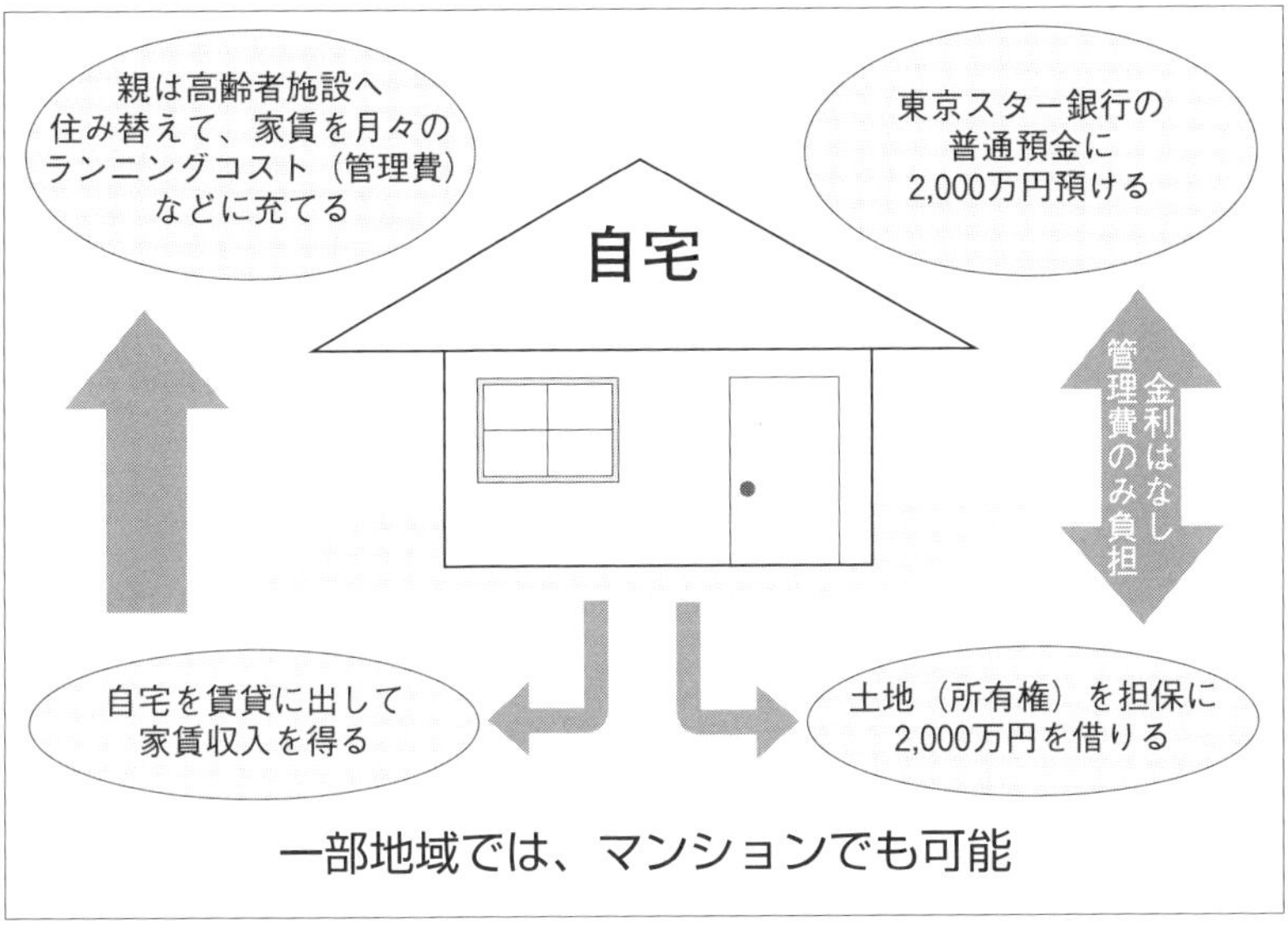
親は高齢者施設へ
住み替えて、家賃を月々の
ランニングコスト（管理費）
などに充てる
東京スター銀行の
普通預金に
2,000万円預ける
自宅
金利はなし
管理費のみ負担
自宅を賃貸に出して
家賃収入を得る
土地（所有権）を担保に
2,000万円を借りる
一部地域では、マンションでも可能

金を利用すればいいじゃないか」と思われる方がいるかもしれません。そのように思われるのも当然のことですが、高齢期になって手元のお金を一気に減らすことには不安を感じる方も少なくありません。

死ぬまでは、自分の手元にお金を置いておきたいというニーズも多いので、**とりあえず手元のお金は温存したまま、土地の担保価値を利用することで、別のところから資金をねん出できるプランを立てる**わけです。

上記の図では、土地を担保にしてお金を借り、そのお金は高齢者施設への住み替え資金とし、自宅は賃貸に出すプランをご紹介しています。

また、賃貸併用住宅へ建て替える方法も検討できます。建て替えた家の1室には親御さん、別の部屋にはひきこもっているお子さん——のように、親子が同じ屋根の下ではあるものの、別々に住むことも可能です。親御さんの住まいも、将来的には賃貸に出せるように建て替えておけば、親御さんが亡くなった後はお子さんの家賃収入を増やせます。

通常のリバースモーゲージであれば、亡くなった後、土地を差し出さなければなりませんが、このプランなら普通預金に預けたお金がありますから、普通預金に預けたお金を使えば、土地を担保にして借りたお金を返済できます。**親亡き後も、お子さんは土地を手放さずに、親が建て直してくれた家に家賃を得ながら住み続けるプランとして検討できる**わけです。

「充実人生」は、東京スター銀行の営業店（支店）からの距離に制限があるため、全国津々浦々まで利用できるわけではありません。営業店まで2時間程度で行けることが、利用できるか否かの距離の目安になります。

また、所有権の土地が対象になるため、借地権の土地では利用できません。

マンションなどの共同住宅の場合は、ごく一部の地域（首都圏の一都三県と関西の一部地域）で、築年数の制限が厳しいなどの条件もあるものの、条件をクリアすれば利用できます。

「充実人生」の条件に合致する場合は、それを利用し、手元の貯蓄だけでは難しかった建て替えを検討してみるのもよいでしょう。

※すべてのケースで、賃貸併用住宅などへの建て替えが可能になるとは限りません。興味のある方は、電話番号０１２０－６２－１０２７までお問い合わせください。

(3)マンションなどへの住み替え

ご両親が健在の時には住み替えを考えたことがない方も、親御さんのどちらかが亡くなられたタイミングなどで、マンションへの住み替えを検討してみるのもいいと思います。

広い家が残されると、固定資産税などの支払いも大変ですし、光熱費などのランニングコストもかかります。庭が広い場合は手入れができないまま放置することになり、廃屋のようになってしまうかもしれません。

また、ゴミ出しのルールを守るのが難しかったり、町内会のさまざまな役割を担うのも、ひきこもりのお子さんには難しいはずです。町内会費の未払いが続く可能性もあります。

ひきこもりのお子さんがひとり遺された後は、一軒家で孤立して暮らすよりも、町内会とのやりとりを個々人でおこなう必要がなく、夜中でもゴミ出しができるマンションなどで暮らしたほうが安心なケースも考えられます。

親子で住み替えた際、お子さんの事情を管理組合などに説明しておけば、将来お子さんがひとりになった時、管理組合の役員なども免除してもらえるかもしれません。

以上のような理由から、**現在一軒家にお住まいの方であっても、将来的には売却し、マンションに住み替える方法を検討してみることをおすすめします。**

現在のお住まいが高値で売却できるケースでは、**マンションの部屋を2部屋購入する方法**も検討してみましょう。1部屋は自分たち（親子）で住んで、もう1部屋は賃貸に出すプランです。

賃貸併用住宅への建て替えのところでご紹介したように、家賃収入があることが、お子さんのサバイバルプランでは一番の好条件になりますので、**住み替えによって家賃収入を得るプランを、ぜひとも検討してみてほしいと思います。**

(4) 家賃収入を得るときの注意点

ひきこもりのお子さんの場合、家賃の集金や賃借人とのさまざまな契約をおこなうのは難しいと思います。ひきこもりのお子さんに限らず、不動産管理会社に賃借人の募集や家賃の集金業務などの一切の手続きを依頼するのが一般的ですが、ひきこもりのお子さんがいるご家庭の場合は、**地元で長年営業をしている不動産屋を中心に、依頼先を探すのがよいと思います。**

大手の不動産会社や管理会社を否定するわけではありませんが、担当者が移動などで代わってしまうと、コミュニケーションが苦手なお子さんにとっては新しい担当者とのやりとりが苦痛になると予想できるからです。

お子さんの事情を話したときに、親身になって話を聞いてくれる不動産業者を探す努力が望まれるのではないでしょうか。

不動産管理会社からの家賃の支払いは、一般的には振込みで入金される形になると思いますが、家賃を毎月届けてもらえると、お子さんの状況を確認できることにもつながります。定期的に賃貸物件のそうじをしてくれる不動産管理会社もあります。

後見人などとは別に、毎月、お子さんの様子をチェックしてくれる人が地元にいると、親御さんにとって心強いサポートになるのではないでしょうか。

また、家賃収入が発生すると確定申告をする必要が生じますので、申告書類の作成まで依頼できる不動産管理会社を探すこともポイントになります。

第5章

相談事例でみるサバイバルプランのポイント

〈キャッシュフロー表作成協力〉
ファイナンシャルプランナー　浜田裕也

相談事例❶

大学は卒業したものの、45歳の今まで働けたのはわずか1日の長男。親が遺すお金で生きていけるのか…。

ご相談者は、首都圏に住むAさん（75歳）、Bさん（73歳）のご夫婦です。

お二人の長男であるCさんは現在45歳。大学を卒業し、無事に就職が決まったものの、就職先で働けたのはわずか1日でした。会社を辞めた後、当初はときどきアルバイトでお小遣い程度を稼いでいましたが、この10年くらいはまったく働かず、家に閉じこもっています。

Cさんは小さい頃から内気で、人づきあいが苦手だったそうです。友だちも少ないほうだとは思っていましたが、せっかく就職したにもかかわらず、まさか1日だけしか働けずに会社を辞めてしまうとは、Aさんご夫婦にとっても想像できないことでした。

Cさんの生活はと言えば、起床は正午を回った頃で、寝るのは深夜から明け方、3時か4時くらい。お昼ご飯は食べませんが、Cさんにとっては一日の初めての食事となる夕食は、親と一緒に取っています。親が寝た後は、家にあるものを適当に食べているようです。

Cさんには弟がいて、結婚して家を出ています。弟には子どももいて、AさんやBさんは孫であるこの子がかわいくて仕方ありません。ですが、Cさんに会うのがうっとうしいからなのか、弟家族は正月以外、実家に寄りつきません。孫の顔を見に次男の家に行こうかと思うものの、Cさんの食事が気がかりで、なかなか腰を上げられずにいます。

Cさんは最近、ますます外出する機会が減っており、起きてから寝るまで、テレビを視てボーッと過ごす時間が増えてきました。欲しいものがあると、Bさんが買い物のついでに買ってくるくらいで、意欲というものが年々失われていくようでした。

そんなCさんを毎日見ているAさんとBさんは、「この先、この子が働くのは難しいだろう。そうなると、私たちが遺してあげられるお金で、この子の人生は成り立つのだろうか」ということばかりが頭の中を巡っています。

ただ、心配はしているものの、具体的にはどうしたらよいのかわかりません。

長年ひきこもっている子どもの今後の生活設計について、Aさん、Bさんはどのように考えたらよいのでしょうか。

●アドバイス●

現状のキャッシュフローでは60代前半で貯蓄が底

次のページにあるのがAさんご家族の資産・負債のバランスシート、118〜119ページが現状をふまえて作成したキャッシュフロー表です。この表から、Cさんの一生涯の生活が成り立つのかどうかを確認してみましょう。

キャッシュフロー表の最下段にある貯蓄残高の推移を見ていくと、18年後、お子さんがまだ60代の前半の時点で、すでに貯蓄がマイナスに転じてしまいます。つまり、**現状**

●Aさんご家族のバランスシート

A．現金・預金など

単位：万円

商品名	金融機関名	金額	名義	備考
現金・預金		1,200		
合　計		1,200		

B．不動産

内　容	金額	名義	備考
自宅・土地	5,000		
自宅・家屋	300		
合　計	5,300		

C．負債（ローン）

内　容	金融機関名	残高	名義	備考
なし		0		
合　計		0		

資　産		負　債	
現金・預金	1,200	なし	0
自宅・土地	5,000	負債合計	0
自宅・家屋	300	純資産合計 6,500	
A．現金預金など合計	1,200		
B．不動産合計	5,300		
資　産　合　計	6,500		

11年後	12年後	13年後	14年後	15年後	16年後	17年後	18年後	19年後	…	33年後	34年後	35年後	36年後
2023	2024	2025	2026	2027	2028	2029	2030	2031		2045	2046	2047	2048
84	85	86	87	88	89	90							
56	57	58	59	60	61	62	63	64		78	79	80	81
						母 Bさん 死亡							長男 Cさん 死亡
175	175	175	175	175	175								
										79	79	79	
175	175	175	175	175	175	0	0	0		79	79	79	0
220	220	220	220	220	220	120	120	120		120	120	120	
12	12	12	12	12	12	12	12	12		12	12	12	
26	26	26	26	6	6	3	3	3		3	3	3	
258	258	258	258	238	238	135	135	135		135	135	135	0
▲83	▲83	▲83	▲83	▲63	▲63	▲135	▲135	▲135		▲56	▲56	▲56	0
528	445	362	279	216	153	18	▲117	▲252		▲1036	▲1092	▲1148	▲1148

この時点で貯蓄がマイナスに転じてしまう

Cさんが81歳まで生きるとした場合、約1,150万円の貯蓄が新たに必要となることを意味する

Aさんご家族の現状でのキャッシュフロー

	経過年数	現在	1年後	2年後	3年後	4年後	5年後	6年後	7年後	8年後	9年後	10年後
	西　暦	2012	2013	2014	2015	2016	2017	2018	2019	2020	2021	2022
家族（年齢）	父Aさん	75	76	77	78	79	80	81	82	83	84	85
	母Bさん	73	74	75	76	77	78	79	80	81	82	83
	長男Cさん	45	46	47	48	49	50	51	52	53	54	55
	イベント											父Aさん死亡 次男へ相続 200万円
収入	父Aさん年金収入	225	225	225	225	225	225	225	225	225	225	
	母Bさん年金収入	40	40	40	40	40	40	40	40	40	40	175
	長男Cさん年金収入											
	合　計	265	265	265	265	265	265	265	265	265	265	175
支出	基本生活費	250	250	250	250	250	250	250	250	250	250	220
	住居費（固定資産税）	12	12	12	12	12	12	12	12	12	12	12
	一時的な支出											200
	社会保険料・所得税・住民税	37	37	37	37	37	37	37	37	37	37	26
	合　計	299	299	299	299	299	299	299	299	299	299	458
	年間収支	▲34	▲34	▲34	▲34	▲34	▲34	▲34	▲34	▲34	▲34	▲283
	貯蓄残高（現金預金など）	1200	1166	1132	1098	1064	1030	996	962	928	894	611

現状、親子3人の生活費は
年間250万円

の生活を続けていくと、親の貯蓄だけではCさんの生活は成り立たない可能性が高いことになります。

では、Cさんの場合、こうした現状に対し、どのような対応策が考えられるでしょうか。

対応策を考えるには、まずは作成したキャッシュフロー表や親御さんの持つ資産を分析し、そこから課題を見つけます。さっそく、Cさんのサバイバルプランを検討していくことにしましょう。

親御さんの持つ資産の活用を検討する

最初に、36年後、Cさんが81歳の時に亡くなったと仮定して、その時点の貯蓄残高をキャッシュフロー表で見てみます。

Cさんが81歳の時の貯蓄残高は、約1150万円のマイナスと計算されました。これはCさんが81歳まで生きたとした場合に、約1150万円の貯蓄を新たに準備する必要があることを意味しています。

実際には、1000万円を超える貯蓄をこれから創出するプランを立ててもあまり意味がないと思いますから、ここでは、**不足額を節約だけで準備しようとすると年間でいくらの節約が求められるのかを試算**してみます。

キャッシュフロー表では、Bさんが亡くなるのは今から17年後と仮定していますので、この17年間で節約をして貯蓄を増やそうとすると、不足額1150万円÷17年間＝約68万円という計算になります。

現状、親子3人の生活費は年間250万円かかっていますが、そこから年間70万円近くを節約するのは不可能と考えられます。

そこで次に、**親御さんの持つ資産が活用できないかを検討**してみます。

Aさんの自宅は首都圏にあり、駅も近くて、利便性のよい場所にあります。少し前、不動産屋でAさんが土地の売却価格を聞いたところ、5000万円くらいは手にできそうだと言われたそうです。

Aさん夫婦は、本来であればこの土地は売却せずCさんに残してあげたい、という希望を持っています。ですが、生活自体が成り立たなくなるのであれば、売却もやむなしと頭を切り替えるようにしています。

今の家にこだわると、Cさんが家に住み続けた場合、老朽化で家がもたない可能性もあります。さらには、一軒家にCさんがひとりで住むとなると、維持管理も大変ですし、光熱費などの節約も効きにくくなります。固定資産税の負担についても、Cさん一人の生活の中では負担が大きいと思われます。

以上から、このケースについては、**どこかの時点で土地を売却し、住み替えることを考えるのが現実的**だと考えられます。

そこで次に、住み替えを含めたCさんのサバイバルプランを考えていきます。

親御さんのどちらかが亡くなったときが土地売却のタイミング

自宅の土地を活用するとしても、現時点ですぐに住み替えるのは、親御さんにとっても好ましい方法とはいえないはず。そこで、親御さんのどちらかが亡くなって、Cさんと2人で暮らすようになったときに、土地を売却して、その資金で中古マンションを購入して住み替えることを検討してみます。

賃貸マンションなどに住み替えたほうが貯蓄を手元に多く残せますが、Cさんがひとりで暮らすようになったとき、**更新契約などをするのは大変**でしょうから、マンションを購入したほうが安心できると思います。

新築マンションではなく、中古マンションに住み替えるプランにしているのは、土地の売却資金をできるだけ多く手元に残したいからです。

Cさんがひとり遺されてから、自宅の土地を売却したり、住み替えるマンションを購入するといった一連の作業をおこなうのは難しいはずですから、親子2人暮らしになった段階で、「土地を手放すのもやむなし」と覚悟するのが無難なプランだと考えます。

126～127ページのキャッシュフロー表（その1）は、このプランを取り入れて作り直したものです。

5000万円の売却資金を手にしたうえで1000万円台前半程度の中古マンションを購入すれば、Cさんが81歳のときでも2000万円以上の資金を手元に残せることがわかります。

リバースモーゲージで年間収支が黒字に

もうひとつの方法として、第4章で紹介した**金融商品型リバースモーゲージ**＊**を利用し、賃貸併用住宅を建てる**というプランも考えてみましょう。

土地の売却をしたくない場合は、リバースモーゲージを活用する方法も検討するといいと思います。自宅の土地を担保にリバースモーゲージでお金を借り、そのお金で現在の住まいを賃貸併用住宅に建て替えるというプランです。

建て替えのポイントは、**賃貸部分の一部をCさん専用の住まいにし、親とは別に暮らす**ということ。**親御さんは住宅部分に住み、自分たちが亡き後は賃貸に出すことで、家賃収入のアップも望める**はずです。

親御さんが亡くなったあと、リバースモーゲージの契約をCさんに継続することはできません。そのため、リバースモーゲージで借りたお金は、手持ちのお金の中からそこで一括返済をしなければなりませんが、賃貸収入の一部をきちんと貯めていけば、一括返済のための資金も残りそうです。

＊リバースモーゲージについては、第4章105ページ参照

賃貸収入を得ることで年間収支が黒字になることを考えると、それなりの貯蓄は望めるでしょうから、その点での安心感は中古マンションに住み替えるときよりも高くなると思います。

このリバースモーゲージを利用した場合のキャッシュフロー表についても、128～129ページに掲載しておきます〈キャッシュフロー表（その2）〉。

仮に一括返済できるだけの貯蓄がなかった場合には、その物件を売却して資金を作り、リバースモーゲージの契約を終了する方法も検討できます。

11年後	12年後	13年後	14年後	15年後	16年後	17年後	18年後	19年後	33年後	34年後	35年後	36年後
2023	2024	2025	2026	2027	2028	2029	2030	2031	2045	2046	2047	2048
84	85	86	87	88	89	90						
56	57	58	59	60	61	62	63	64	78	79	80	81
自宅土地を売却。中古マンション購入						母Bさん死亡						長男Cさん死亡
175	175	175	175	175	175							
									79	79	79	
5000												
5175	175	175	175	175	175	0	0	0	79	79	79	0
220	220	220	220	220	220	120	120	120	120	120	120	
23	23	23	23	23	23	23	23	23	23	23	23	
1300												
56	26	26	26	6	6	3	3	3	3	3	3	
1599	269	269	269	249	249	146	146	146	146	146	146	0
3576	▲94	▲94	▲94	▲74	▲74	▲146	▲146	▲146	▲67	▲67	▲67	0
4187	4093	3999	3905	3831	3757	3611	3465	3319	2381	2314	2247	2247

母子２人暮らしになった段階で、自宅土地を売り、中古マンションを購入

Cさんが81歳になったときでも2000万円以上の資金が手元に残る

サバイバルプラン提案後のAさんご家族のキャッシュフロー（その1）

経過年数		現在	1年後	2年後	3年後	4年後	5年後	6年後	7年後	8年後	9年後	10年後
西　暦		2012	2013	2014	2015	2016	2017	2018	2019	2020	2021	2022
家族（年齢）	父Aさん	75	76	77	78	79	80	81	82	83	84	85
	母Bさん	73	74	75	76	77	78	79	80	81	82	83
	長男Cさん	45	46	47	48	49	50	51	52	53	54	55
イベント												父 Aさん 死亡 次男へ 相続 200万円
収入	父Aさん年金収入	225	225	225	225	225	225	225	225	225	225	
	母Bさん年金収入	40	40	40	40	40	40	40	40	40	40	175
	長男Cさん年金収入											
	自宅土地の売却による収入											
	合　計	265	265	265	265	265	265	265	265	265	265	175
支出	基本生活費	250	250	250	250	250	250	250	250	250	250	220
	住居費（固定資産税）	12	12	12	12	12	12	12	12	12	12	12
	一時的な支出											200
	社会保険料・所得税・住民税	37	37	37	37	37	37	37	37	37	37	26
	合　計	299	299	299	299	299	299	299	299	299	299	458
年間収支		▲34	▲34	▲34	▲34	▲34	▲34	▲34	▲34	▲34	▲34	▲283
貯蓄残高（現金預金など）		1200	1166	1132	1098	1064	1030	996	962	928	894	611

11年後	12年後	13年後	14年後	15年後	16年後	17年後	18年後	19年後	33年後	34年後	35年後	36年後
2023	2024	2025	2026	2027	2028	2029	2030	2031	2045	2046	2047	2048
84	85	86	87	88	89	90						
56	57	58	59	60	61	62	63	64	78	79	80	81
						母 Bさん 死亡 リバース モーゲージ 一括返済						長男 Cさん 死亡
175	175	175	175	175	175							
									79	79	79	
250	250	250	250	250	250	250	250	250	250	250	250	
425	425	425	425	425	425	250	250	250	329	329	329	0
220	220	220	220	220	220	120	120	120	120	120	120	
12	12	12	12	12	12	12	12	12	12	12	12	
						2000						
100	100	100	100	100	100	100	100	100	100	100	100	
60	60	60	60	40	40	20	20	20	20	20	20	
392	392	392	392	372	372	2252	252	252	252	252	252	0
33	33	33	33	53	53	▲2002	▲2	▲2	77	77	77	0
1813	1846	1879	1912	1965	2018	16	14	12	590	667	744	744

借りていたお金を一括返済し、リバースモーゲージを終了する

サバイバルプラン提案後のAさんご家族のキャッシュフロー（その2）

	経過年数	現在	1年後	2年後	3年後	4年後	5年後	6年後	7年後	8年後	9年後	10年後
	西　暦	2012	2013	2014	2015	2016	2017	2018	2019	2020	2021	2022
家族（年齢）	父Aさん	75	76	77	78	79	80	81	82	83	84	85
	母Bさん	73	74	75	76	77	78	79	80	81	82	83
	長男Cさん	45	46	47	48	49	50	51	52	53	54	55
	イベント	リバースモーゲージで賃貸併用住宅に建て替え										父Aさん死亡次男へ相続200万円
収入	父Aさん年金収入	225	225	225	225	225	225	225	225	225	225	
	母Bさん年金収入	40	40	40	40	40	40	40	40	40	40	175
	長男Cさん年金収入											
	リバースモーゲージ	2000										
	不動産収入	250	250	250	250	250	250	250	250	250	250	250
	合　計	2515	515	515	515	515	515	515	515	515	515	425
支出	基本生活費	250	250	250	250	250	250	250	250	250	250	220
	住居費（固定資産税）	12	12	12	12	12	12	12	12	12	12	12
	一時的な支出	2000										200
	不動産経費	100	100	100	100	100	100	100	100	100	100	100
	社会保険料・所得税・住民税	70	70	70	70	70	70	70	70	70	70	60
	合　計	2432	432	432	432	432	432	432	432	432	432	592
	年間収支	83	83	83	83	83	83	83	83	83	83	▲167
	貯蓄残高（現金預金など）	1200	1283	1366	1449	1532	1615	1698	1781	1864	1947	1780

不動産収入が入ることで
年間収支が黒字になる

相談事例❷

80代の母親の遺族年金を頼りに暮らす53歳の息子。亡父が残した自宅と預金はあるが…。

東海地方に住むDさん（80歳）は、10年前にご主人に先立たれ、53歳の息子さん・Eさんと2人で暮らしています。

Eさんは、高校を卒業してから運送会社で働いていました。就職と同時に家を出て、それからはひとり暮らし。Dさんとしては、息子は順調に働いていると思っており、実際そうだったのですが、ある時、Eさんは自転車でケガをし、入院することになります。

退院後、いったんは復職したものの、ケガの後遺症なのか、しばらく休んでいたためなのか、Eさんは復職後たびたび欠勤するようになります。欠勤を繰り返すうちに仕事には行きづらくなり、30代半ばで運送会社を退職しました。

退職後は一生懸命、正社員の仕事を探しましたが、希望は叶いませんでした。それでもEさんは、すぐに実家に帰ることなく、10年くらいアルバイトで生計を立てていました。

ですが、アルバイトで得られる収入だけでは、だんだんとアパートの家賃などの生活費をまかなうことができなくなり、アパートの家賃を6ヵ月滞納。ご主人を亡くしてひとり暮らしになったDさんのほうも心細くなったこともあり、双方のタイミングが合ったことからEさんは実家に戻り、Dさんと暮らすようになりました。滞納分の家賃は、Dさんが支払いました。

母親と暮らすまでは、正社員でなくても自力で生活していたEさんでしたが、同居してからはアルバイトすら探さなくなりました。

Eさんは、Dさんに頼まれれば買い物にも行きますし、Dさんが病院に行くときには、車で送ってくれたりもします。とはいえ、実家に戻ってからの母子の生活は、Dさんの遺族年金頼りです。

Dさんも80代に入り、体調も良くないため、息子Eさんの行く末が心配でなりません。

住まいは亡き夫が遺してくれた自宅がありますが、すでに老朽化がかなり進んでいるので、住み続けるならリフォームが必須かと思われます。夫が遺してくれた自宅と預金で、Eさんは生活していけるでしょうか。

●アドバイス●

キャッシュフロー表を作成し、緊急性があることを認識する

まず、このケースの現状をふまえて作成したキャッシュフロー表（134〜135ページ）を見てみましょう。1年後に家のリフォームをしたとすると、5年後には貯蓄残高がマイナスになってしまう計算になります。

このまま何もしなければ、ひとり残されたEさんの生活設計どころか、親子2人の生活も危うくなってしまいます。そこでキャッシュフロー表から課題を見つけ、そのうえでEさんのサバイバルプランを考えたいと思います。

●Dさんご家族のバランスシート

A．現金・預金など

単位：万円

商品名	金融機関名	金額	名義	備考
現金・預金		800		
合　計		800		

B．不動産

内　容	金額	名義	備考
自宅・土地	1,200		
自宅・家屋	240		
合　計	1,440		

C．負債（ローン）

内　容	金融機関名	残高	名義	備考
なし		0		
合　計		0		

資　産		負　債	
現金・預金	800	なし	0
自宅・土地	1,200	負債合計	0
自宅・家屋	240	純資産合計	
A．現金預金など合計	800		
B．不動産合計	1,440		2,240
資　産　合　計	2,240		

10年後	11年後	12年後	13年後	14年後	15年後	16年後	17年後	26年後	27年後	28年後
2022	2023	2024	2025	2026	2027	2028	2029	2038	2039	2040
90										
63	64	65	66	67	68	69	70	79	80	81
母 Dさん 死亡										長男 Eさん 死亡
		105	105	105	105	105	105	105	105	
0	0	105	105	105	105	105	105	105	105	0
120	120	120	120	120	120	120	120	120	120	
8	8	8	8	8	8	8	8	8	8	
3	3	3	3	3	3	3	3	3	3	
131	131	131	131	131	131	131	131	131	131	0
▲131	▲131	▲26	▲26	▲26	▲26	▲26	▲26	▲26	▲26	0
▲511	▲642	▲668	▲694	▲720	▲746	▲772	▲798	▲1030	▲1055	▲1055

Dさんが亡くなったあと、2年間無収入になり、貯蓄のマイナスが増大

Dさんご家族の現状でのキャッシュフロー

経過年数		現在	1年後	2年後	3年後	4年後	5年後	6年後	7年後	8年後	9年後
西　暦		2012	2013	2014	2015	2016	2017	2018	2019	2020	2021
家族（年齢）	母Dさん	80	81	82	83	84	85	86	87	88	89
	長男Eさん	53	54	55	56	57	58	59	60	61	62
イベント			自宅リフォーム								
収入	母Dさん年金収入	180	180	180	180	180	180	180	180	180	180
	長男Eさん年金収入										
	合　計	180	180	180	180	180	180	180	180	180	180
支出	基本生活費	240	240	240	240	240	240	240	240	240	240
	住居費（固定資産税）	8	8	8	8	8	8	8	8	8	8
	一時的な支出		400								
	社会保険料・所得税・住民税	25	25	25	25	25	25	25	6	6	6
	合　計	273	673	273	273	273	273	273	254	254	254
年間収支		▲93	▲493	▲93	▲93	▲93	▲93	▲93	▲74	▲74	▲74
貯蓄残高（現金預金など）		800	307	214	121	28	▲65	▲158	▲232	▲306	▲380

年間収支が93万円のマイナスで、
貯蓄が減るペースがかなり速い

リフォームをおこなうことで、
貯蓄が大きく減少し、5年後には残高がマイナスになる。

Eさんのサバイバルプランを考えるために、まずは現在の状況を確認するところから始めます。

Dさんが持つ現時点での貯蓄残高は800万円。現在の収入はDさんの年金収入のみで、年間180万円です。一方、支出のほうは年間273万円。収入から支出を差し引いた年間収支は93万円の赤字になっています。

キャッシュフロー表の中で最も気になる点は、貯蓄残高の推移です。年間収支がマイナス93万円になっているため、貯蓄が減るペースがかなり速いものになっています。

当分の間、収入はDさんの年金収入だけが頼りなので、**生活コストを下げるなど、いま以上に支出を抑える努力が必要**でしょう。

また、Eさんが一生住める住まいの確保も課題となります。自宅はすでに老朽化が進んでいるということで、本来なら建て替えをしたいところですが、このケースの場合は建て替え費用を捻出することが難しいため、1年後にリフォームをして対応することにしています。

ただ、リフォームを実行しないと住み続けるのは難しいとはいえ、リフォームをすることで、今度は貯蓄が一気に減ってしまうリスクを侵すことになります。先ほどすでに見たとおり、リフォームを1年後に施すと、貯蓄はわずか5年で底をつきます。
そこで、**他にEさんの住まいを確保する方法がないのかを検討**したいと思います。

キャッシュフロー表（現状）では10年後に、Dさんが90歳で亡くなるものとしています。その後Eさん自身が年金を受給できるまでの2年間は無収入となり、毎年130万円ずつ貯蓄を取り崩すことになります。

しかし、**12年後にEさんに年金が支給されるようになると、貯蓄の取り崩しは毎年25万円と、かなり緩やかになっていきます**。Eさんの場合、30代半ばまで働いていたので、厚生年金と国民年金の合計105万円が支給されるからです。

Eさんの貯蓄の取り崩しが緩やかだということは、収入が国民年金だけのお子さんに比べて、年金受給開始後の収支には好材料になります。

キャッシュフロー表をご覧いただくとおわかりのとおり、Dさんが亡くなった時点で600万円から700万円程度の貯蓄があれば、Eさんの生活設計は成り立つ可能性が高くなります。

なお、Eさんが一人暮らしになってからの基本生活費は120万円と仮定していますが、これをさらに削り、120万円以下に抑えるのは難しいと思われます。したがって、親子2人暮らしの間も、生活コストをできるだけ抑える方法を考えたいところです。

以上から、このご相談の事例についてサバイバルプランを立てるには、次の3点がポイントになると考えられます。

①貯蓄を取り崩すペースが速く、家のリフォームも手掛けると5年後には貯蓄が底をついてしまう可能性があるので、その改善策を検討する

②親子2人暮らしの生活コストをもう少し下げられないかを考える

③Eさんがひとりでも暮らせる住まいの確保を検討する

高齢者専用マンションに親子で住み替える

現在、母親のDさんと2人暮らしのEさんですが、Eさんには兄弟姉妹がいないため、将来、Eさんのほかには財産を残す必要がありません。そこで、少し思い切った提案になりますが、次のようなサバイバルプランを立ててみます。それは、**自宅の土地を売却し、分譲型の高齢者マンションに住み替える**というものです。

自宅の土地を売却すれば、手元の資金は増えます。そこで、その資金の一部を使って、分譲型の高齢者マンションに住み替えるわけです。

親子同時に住み替えることで、手元に売却資金を残しつつ、Eさんが継続して住む場所の確保も実現します。

分譲型の高齢者マンションを展開している会社は多くありませんが、一例としては、第4章でも取り上げた、中銀インテグレーション㈱が運営する中銀ライフケアがあります。熱海にある物件の場合で、1000万円から3000万円程度で所有権の物件が購入可能です。

所有権であれば、他の高齢者施設のように、入居時に家賃を前払いしたり、死ぬまで家賃を払い続ける必要はありません。

中銀ライフケアの概要については第4章でご紹介したとおりですが、親子2人が自室を持つことができるだけの広さがあることや、専用の岡持ちを購入することで、食事を部屋に持ち込んでとることができる点など、ひきこもりのお子さんと一緒に住み替えるには向いているように思います。

こうした分譲型の高齢者マンションに住み替えたとすると、基本生活費は、管理費や固定資産税、水道代、食事代（3食）を含め親子2人で月々約15～17万円程度、Eさんひとりになってからは月々約9～12万円程度と見積もることができます。

なお、日用品代は基本生活費に含まれていませんが、Eさんが遺された後の食事の心配をしなくてすむだけでも、母親であるDさんにとっては安心感が高いと思います。

住み替えると、手元に残せる貯蓄が増える

それでは、Eさんのサバイバルプラン提案後のキャッシュフロー表（142～143ページ）を見ていきましょう。

1年後に自宅の土地を1200万円で売却したとします。その際、家屋の解体費用や土地の売却に伴う諸費用で合計約150万円がかかります。次に、土地の売却で得た資金を使って分譲型の高齢者マンションに住み替えをします。

住み替え費用は、物件の購入およびリフォーム、その他の諸費用で合計500万円と仮定しています。この住み替えにより、親子2人の生活コストも若干下がると仮定して、基本生活費を年間205万円と、現状よりも35万円低く抑えられるとして計算していま

す。

住み替えにより一時的な支出は発生しますが、土地の売却による資金が手元に残ることで、1年後の貯蓄残高は約1290万円と、改善前より900万円以上多くなります。

住み替えをしても貯蓄の取り崩しは止まりませんが、親子2人暮らしの生活コストを抑えることで、貯蓄を取り崩すペースは緩やかになります。さらに、土地を売却した資金があるので、Eさんが80歳を超える頃までは貯蓄が残せる計算になります。

このケースのように、**早い時点で貯蓄が底を突いてしまう可能性がある場合、時間が経過するほど、改善策を見い出しにくくなります。早めに、思い切った対策も検討してみることが欠かせません。**

もちろん、住み慣れた土地を売却して住み替えをするのは、たいへん勇気のいることですし、お子さんが強い拒否反応を示すことも予想されます。ですが、現在の生活を続けていくと、近い将来、親子2人の生活さえも成り立たなくなる可能性がある**「緊急性に気づく」**ことも重要だと思います。

お子さんに住み替えを促すためには、**キャッシュフロー表など、お金の流れがわかるような表を見てもらう**のがよいと思います。

10年後	11年後	12年後	13年後	14年後	15年後	16年後	17年後	26年後	27年後	28年後
2022	2023	2024	2025	2026	2027	2028	2029	2038	2039	2040
90										
63	64	65	66	67	68	69	70	79	80	81
母 Dさん 死亡										長男 Eさん 死亡
		105	105	105	105	105	105	105	105	
0	0	105	105	105	105	105	105	105	105	0
120	120	120	120	120	120	120	120	120	120	
8	8	8	8	8	8	8	8	8	8	
3	3	3	3	3	3	3	3	3	3	
131	131	131	131	131	131	131	131	131	131	0
▲131	▲131	▲26	▲ 26	▲ 26	▲ 26	▲ 26	▲ 26	▲26	▲26	0
754	623	597	571	545	519	493	467	236	210	210

Eさんが80歳を超える
頃まで貯蓄を残せる

サバイバルプラン提案後のDさんご家族のキャッシュフロー

経過年数		現在	1年後	2年後	3年後	4年後	5年後	6年後	7年後	8年後	9年後
西　暦		2012	2013	2014	2015	2016	2017	2018	2019	2020	2021
家族（年齢）	母Dさん	80	81	82	83	84	85	86	87	88	89
	長男Eさん	53	54	55	56	57	58	59	60	61	62
イベント			自宅売却 住み替え								
収入	母Dさん 年金収入	180	180	180	180	180	180	180	180	180	180
	長男Eさん 年金収入										
	自宅土地売却		1200								
	合　計	180	1380	180	180	180	180	180	180	180	180
支出	基本生活費	240	205	205	205	205	205	205	205	205	205
	住居費（固定資産税）	8	8	8	8	8	8	8	8	8	8
	売却に伴う費用		150								
	住み替え費用		500								
	社会保険料・所得税・住民税	25	25	25	25	25	25	25	6	6	6
	合　計	273	888	238	238	238	238	238	219	219	219
年間収支		▲93	492	▲58	▲58	▲58	▲58	▲58	▲39	▲39	▲39
貯蓄残高（現金預金など）		800	1292	1234	1176	1118	1060	1002	963	924	885

住み替えにより、基本生活等も低く抑えられる

土地売却、住み替えにより1年後の貯蓄残高は改善前より大きく増加

最初はキャッシュフロー表などを渡すだけにして、「気持ちが向いたとき、目を通しておいてね」などと話すのが無難でしょう。最初から結論を伝えたり、引っ越しを焦らせてしまうと、お子さんがキャッシュフロー表を破いたりするかもしれません。

すぐに「YES」と言ってもらうのは難しいでしょうが、「今のままだと、生活が破綻するかもしれず、その場合は追い出されるかたちで家を出なければならなくなるかもしれない」ということを、文字を通してお子さんに伝えるようにしてみてください。

感情的になって、親子げんかに発展するかもしれませんので、くれぐれも文字を通したコミュニケーションを心がけるようにしましょう。

サポートがしっかりした自治体を選んでの住み替えも

今回は分譲型の高齢者マンションへの住み替えを例に計算しましたが、UR都市機構など、保証人不要で、親子で入居できるところに住み替える方法も考えられます。

UR都市機構の場合、礼金や更新料は不要。敷金と前家賃だけで入居できます。家賃が特別安いわけではありませんが、全国各地にあるので、希望の地域に住み替えができます。

親子2人暮らしの時もそうですが、お子さんひとりの生活の中で、更新料の負担がないのは安心感が高いと思います。ネットで部屋探しができますし、不動産屋に対する仲介手数料も不要です。

お子さんがひとりになったときのことを考えると、**社会福祉協議会や地域若者サポートステーションなどが機能していると評判の自治体を、選んで住み替えることも検討**するとよいでしょう。

いずれにしてもDさんの場合は、現在の住まいを売却することで手にできる現金を大切に使いつつ、お子さんの人生が終わるころまで、そのお金を温存できる方法を模索するのが現実的だと思います。

相談事例③

大学中退後、ひきこもる長男40歳。遺せる貯蓄はまずまずあるが、親亡き後の生活の面倒はどうしたら…。

東京都の郊外に住むFさん（70歳）は、妻のGさん（65歳）、長男のHさん（40歳）との3人暮らしです。Hさんは大学には入学したものの、2年生の夏休み明けに退学。以来、ほとんどの時間を自宅に閉じこもるように暮らしています。

小さい時から内向的ではありましたが、勉強はよくでき、親としては自慢の息子だったそうです。そんな自慢の息子が、せっかく入った第一志望の大学を2年も通えないまま退学した時には、FさんもGさんも心底落ち込んだといいます。

退学直後はその理由を言おうとしないHさんでしたが、ある程度の時間が経過してから確認したところ、退学の理由は、授業の申請方法を間違えて、自分が考えていた単位数が取れなかったことだそうです。

単位の申請ミスによって、4年間では卒業できそうにないことがわかったとき、Hさんはとてもショックを受けました。友人たちが卒業するときに、自分は卒業できないんだ……という気持ちからか、大学の友人たちとも徐々に疎遠になり、学校に通う気力さえも失ってしまったのでした。

大学を退学した後、FさんはHさんに対して、専門学校に通うことをすすめました。その頃のFさんは、現役で管理職として働き、収入も世間の平均と比べてかなり多かったこともあり、「別の道を探してあげれば、またやる気がでるだろう」と、比較的気楽に考えていたそうです。

ところが、いくら専門学校への進学をすすめても、Hさんは興味を持とうとしませんでした。妻のGさんは、毎日家にひきこもっているHさんとのいさかいで、精神的にまいってしまい、心療内科に通うこともありました。

妻が心療内科に通うほど心を痛めていても、現役時代のFさんは、HさんのことをGさんにまかせっきりだったそうです。

Fさんは60歳での定年後も、65歳まで嘱託として働いていましたが、定年後の収入は3分の1に減りました。

その頃には、Hさんの社会復帰に関する望みは捨てていたこともあり、Hさんの将来設計についてFさんも真剣に考えるようになりました。同時に、妻の様子にも関心を寄せるようになり、夫婦でHさんの将来設計を考えるようになっていました。

Fさんは、住宅ローンの支払いが終わっている家のほか、すすめられて購入した投資用マンションも所有しています。そのほか、退職金を含めると、貯蓄は6000万円ほどあります。

これらの資産を活用すれば、Hさんの生活は成り立つのでしょうか。また、親亡き後のEさんの生活の面倒は、誰に頼めばいいのでしょうか。

唯一の希望は、兄思いの妹がいることでした。嫁いで2児の母になっていますが、Hさんが食べていくにはどうしたらいいのかを、親と一緒に考えてくれる優しい妹さんだそうです。

Fさんは、娘さんと力を合わせてHさんの生活設計を立てたいと思っています。どのようにしたらよいでしょうか。

●アドバイス●

親亡き後のサポートを専門職後見人に依頼するプランを立てる

まずはFさんご一家の現状について、152～153ページのキャッシュフロー表を見てください。Hさんが亡くなるのを81歳と仮定すると、その時点の貯蓄残高は約1770万円残る計算になっています。

現在お持ちの貯蓄額が多いことから、現状の生活を継続したとしても、Hさんの一生涯の生活は成り立つ可能性が高そうです。投資用マンションからの収入があることも、貯蓄が減りにくい要素といえます。

Hさんのケースでは、後見人の費用も捻出できそうなので、親亡き後のHさんのサポートを専門職後見人（司法書士や社会福祉士など）に頼むプランで、キャッシュフロー表を作成しています。

後見人というと、まずは兄弟姉妹に頼むことを考える方も多いと思います。幸いHさんには兄思いの優しい妹さんもいます。

ただし、妹さんにも家庭があるので、日々の生活をサポートするのは難しいでしょう。妹さんにすべてを任せることで、妹さんの生活に負荷がかかりすぎるのも望ましくありません。

そのためここでは、**妹さんが親族後見人になり、合わせて専門職後見人を依頼する**プランを立ててみました。

妹さんが親族後見人になれば、専門職後見人の負担が減ることで、かかる費用をキャッシュフロー表に載せている金額より軽減できる可能性もあります。後見人の費用を抑えられれば、貯蓄残高の減り方も抑えられます。

そして今回のプランでは、自宅も投資用マンションもHさんに相続させるプランにしています。父親が亡くなった時点で、妹さんにも1000万円の現金を相続させるような計算にはしていますが、実際に1000万円だけで納得してもらえるかはわかりません。

そこで親御さんとしては、妹さんに対して、**不公平となる相続プランについて許容し**

●Fさんご家族のバランスシート

A．現金・預金など

単位：万円

商品名	金融機関名	金額	名義	備考
現金・預金		6,000		
合　計		6,000		

B．不動産

内　容	金額	名義	備考
自宅・土地	5,000		
自宅・家屋	400		
投資用マンション	700		
合　計	6,100		

C．負債（ローン）

内　容	金融機関名	残高	名義	備考
なし		0		
合　計		0		

資　産		負　債	
現金・預金	6,000	なし	0
自宅・土地	5,000	負債合計	0
自宅・家屋	400	純資産合計 12,100	
投資用マンション	700		
A．現金預金など合計	6,000		
B．不動産合計	6,100		
資　産　合　計	12,100		

19年後	20年後	21年後	22年後	23年後	24年後	25年後	26年後	27年後	35年後	36年後	40年後	41年後
2031	2032	2033	2034	2035	2036	2037	2038	2039	2047	2048	2052	2053
84	85	86	87	88	89	90						
59	60	61	62	63	64	65	66	67	75	76	80	81
	投資用マンション修繕					母Gさん死亡任意後見開始			投資用マンション修繕			長男Hさん死亡
220	220	220	220	220	220							
						79	79	79	79	79	79	
100	100	100	100	100	100	100	100	100	100	100	100	
320	320	320	320	320	320	179	179	179	179	179	179	0
300	300	300	300	300	300	120	120	120	120	120	120	
15	15	15	15	15	15	15	15	15	15	15	15	
40	200	40	40	40	40	40	40	40	200	40	40	
						65	60	60	60	60	60	
30	10	10	10	10	10	5	5	5	5	5	5	
385	525	365	365	365	365	245	240	240	400	240	240	0
▲65	▲205	▲45	▲45	▲45	▲45	▲66	▲61	▲61	▲221	▲61	▲61	0
3300	3095	3050	3005	2960	2915	2849	2788	2727	2079	2018	1774	1774

任意後見制度を活用した場合のFさんご家族のキャッシュフロー

	経過年数	現在	1年後	2年後	3年後	4年後	5年後	6年後	15年後	16年後	17年後	18年後
	西暦	2012	2013	2014	2015	2016	2017	2018	2027	2028	2029	2030
家族（年齢）	父Fさん	70	71	72	73	74	75	76	85			
	母Gさん	65	66	67	68	69	70	71	80	81	82	83
	長男Hさん	40	41	42	43	44	45	46	55	56	57	58
	イベント						投資用マンション修繕		父Fさん死亡長女へ相続1,000万円	自宅リフォーム	任意後見契約	
収入	父Fさん年金収入	280	280	280	280	280	280	280				
	母Gさん年金収入	50	50	50	50	50	50	50	220	220	220	220
	長男Hさん年金収入											
	不動産収入	100	100	100	100	100	100	100	100	100	100	100
	合計	430	430	430	430	430	430	430	320	320	320	320
支出	基本生活費	360	360	360	360	360	360	360	300	300	300	300
	住居費（固定資産税）	15	15	15	15	15	15	15	15	15	15	15
	不動産経費	40	40	40	40	40	200	40	40	40	40	40
	一時的な支出								1000	600		
	任意後見人費用										15	
	社会保険料・所得税・住民税	65	65	65	65	65	55	55	30	30	30	30
	合計	480	480	480	480	480	630	470	1385	985	400	385
	年間収支	▲50	▲50	▲50	▲50	▲50	▲200	▲40	▲1065	▲665	▲80	▲65
	貯蓄残高（現金預金など）	6000	5950	5900	5850	5800	5600	5560	4175	3510	3430	3365

てもらえるか、もう少し相続分を多くしてほしいと望むかを、なるべく早いうちに確認することをおすすめします。

妹さんにはもっと多くの財産を相続する権利があるため、妹さんの意思をきちんと確認できないまま、プランを実行するのは危険です。実際の相続の際にもめてしまうと、妹さんに親族後見人を引き受けてもらえなくなるリスクもあると思います。

また、妹さんに対しては、遺言書にも「親として大変心苦しいが、できれば最後まで兄さん（Hさん）を気にかけてやってほしい」など、親御さんの気持ちを文字で残しておくことも重要です。

任意後見人の費用は1000万円くらいは見ておく

今回のケースでは貯蓄に余裕があるので、任意後見制度の活用を含んだプランで提案しています。そこで、実際に後見人を依頼すると、どのくらいの費用がかかるかを次にご紹介しておきましょう。任意後見制度の概要については、72ページにも説明がありますので、そちらをご覧ください。

任意後見制度は、将来、お子さんの判断能力が低下したときにサポートをお願いするもので、**サポートの費用としては、契約時やサポート開始時に必要となるもののほか、任意後見が実際に開始されてからは毎月報酬が発生します。**

また、任意後見人（専門職後見人）にサポートをお願いする場合、あらかじめ公正証書で契約書を作成する必要があります。この費用が2万円から3万円ほどかかります。また、契約書の原案を法律の専門家に依頼すると、費用が別途10万円前後かかります。キャッシュフロー表では、17年後に、契約などの費用として合計15万円がかかるものとしています。

次に任意後見人のサポート開始後の費用ですが、キャッシュフロー表では、25年後に母Gさんが亡くなり、その年に任意後見人によるサポートが開始されると仮定しています。

サポートを開始するためには家庭裁判所への申立てが必要です。その費用を5万円と見積もっています。

次に任意後見人と、任意後見人の仕事をチェックする任意後見監督人に支払う報酬が年間60万円としています。

以上から、サポート開始初年度は合計65万円で、サポート開始2年目以降は任意後見人等の報酬のみで年間60万円かかり、Hさんが亡くなるまで支払いを続ける計算にしています。

Hさんのケースでは、任意後見人に関する費用だけで合計980万円が必要という計算になりました。もちろん、すべてのケースでこれだけお金がかかるわけではありませんが、それでも数百万円はかかるものとして見積もっておくほうが無難です。

兄弟姉妹以外の専門職後見人に後見人を依頼する場合は、**まずはキャッシュフロー表などで貯蓄の推移を確認し、実際に依頼しても貯蓄が底を突かずにすむのかを確かめてから検討するのが現実的**だと思います。

Hさんのケースでは、お持ちの資産に余裕がある状況を見て、専門職後見人に依頼するプランを立てましたが、**資金的に余裕がないご家庭の場合は、市民後見人のように専門職後見人よりも廉価で後見を引き受けてくれる人を探す**のが望ましいでしょう。

第6章

〈Q&A〉サバイバルプランのこんなときはどうする?

Q 20代の息子。サバイバルプランを立てるには、早すぎる？

25歳の息子は、広汎性発達障がいと診断されており、この先、社員として働くことは難しいと考えています。私たち親夫婦はふたりとも50代ですが、サバイバルプランを立てるには早すぎるでしょうか。

A

第1章でも述べたように、20代のうちにサバイバルプランを立てると、親御さんが準備しなければならない金額がかなり多くなってしまいます。20代のお子さんをお持ちのご家庭の場合には、まずは自分たち（親側）のライフプランから立ててみるとよいと思います。

親御さんが亡くなる時期を88〜90歳と仮定して、その時点でいくらくらいの資産が残るかをキャッシュフロー表で計算してみてください。

ご両親が亡くなると仮定した時点で、どのくらいの貯蓄を残せそうかがわかると、将来、サバイバルプランを立てるのに役立つと思います。

キャッシュフロー表は、今のうちから毎年、作成するのがおすすめです。毎年、継続してキャッシュフロー表を作成していくと、資産状況を記録として残せますし、5年単位、10年単位で振り返ったとき、資産の状況が好転しているのか、悪くなっているのかも把握できます。

Q ニートの娘。今のうちから、親にできることはある？

30歳のひとり娘が、職場でセクハラに遭って2年前に退職しました。その後は、働く意欲が湧かないようで、たまに友だちに会う以外は、自宅で過ごしています。

年頃ですから、親としては素敵なパートナーと出会って結婚してもらいたいとは思っていますが、男性と付き合った経験はほとんどないようです。それに、今の生活を続けていては、出会いに関しても期待できません。

娘の場合、ひきこもりというよりも、ニートに近いライフスタイルかもしれませんが、親としては、娘の将来が心配でたまりません。今のうちから親にできることはないでしょうか。

A

娘さんの場合は、社会人として働かれた経験がおありなので、サバイバルプランを立てるには早すぎるように感じます。とりあえず30代のうちは、就業を促すことに力を注がれたほうがよいのではないでしょうか。

サバイバルプランは、就業することをあきらめた方が、親御さんの持つ資産で一生食べていける方法を模索するプランですから、正社員は難しくても、アルバイトでの収入が得られるだけでプランはかなり好転します。

また、将来的に、結婚によってライフスタイルが大きく変化する可能性も十分に残しているはずです。最初のQの方と同じように、娘さんのことを見守りつつも、親側のライフプランを立てることに注力するのが順当だと思います。

Q 兄弟の伴侶から、相続の権利を主張されないか心配。対応策は？

40歳、38歳、33歳の3人の息子がいます。ひきこもっているのは長男です。長男は中学3年生の時、突然、学校に行けなくなり、その後、高校にもフリースクールにも通えず、働いた経験もないまま、40歳を迎えてしまいました。

次男と三男は、兄のことでからかわれたり、友だちを家に呼ぶことができなかったりと、嫌な思いをずいぶんしたようです。2人とも、20年くらい長男と話をしていないように思いますし、長男の話をするのも嫌がります。

幸い、次男と三男は仲が良く、2人とも良い伴侶に巡り合えて、それぞれ1人ずつ、子どもも授かりました。

心配なのは、自宅と貯蓄の多くを長男に相続させることがかなうかということ。親である私が亡くなった後は、次男夫婦、三男夫婦との4対1の構図になるので、長男はとてもかなわない気がします。今のうちから親にできることはないでしょうか。

A

他の兄弟の仲が良いことが、かえって心配の種になってしまうというのは、ひきこもりのお子さんを持つご家庭ではよくあるケースです。

ご次男と三男の方から、相続の権利を主張されれば、まったく渡さないわけにはいきません。万が一、裁判でも起こされたら、ご長男が敗訴する可能性が高いと思います。法的な力のある方法ではありませんが、ご次男と三男の方が家を取得する際、マイホームの頭金を援助して、その代わり、その後の相続については、権利を放棄してもらうように頼んでみてはいかがでしょうか。マイホーム取得の頭金を援助する際、相続放棄の念書にサインをしてもらうのです。

サインをしたからといって、すべて親の思いどおりにはいかないかもしれませんが、親の意思を示すことにはなると思います。どのくらいの金額を援助するかは、キャッシュフロー表を作成してみて、援助できそうな金額を計算してみてください。

ちなみに、住宅資金の贈与を無税でできる特例があります。この特例については、このところ毎年のように金額が変更になっていますが、平成24年の非課税枠は一般住宅で1000万円、省エネ住宅で1500万円です。これ以下の住宅取得資金であれば、税金がかからずにご次男と三男の方に贈与できます。

贈与する年によって、非課税枠が異なる可能性があるので、贈与するまえに非課税金額の確認は忘れずにおこなってください。

なお、ご長男のために、親族後見人になってもらえないかも確認しておけるとなおよいと思います。親族後見人といっても、日々の生活のサポートまで頼めないとは思いますが、財産管理をおこなってもらい、必要な金額を定期的にご長男の生活費口座に送金してもらえると安心できます。

親族後見人としてお願いするのであれば、生活状況がよい（生活に困っていない）お子さんを選ぶのもポイントです。日々の生活費に困っているお子さんが親族後見人になると、自分の生活費として、ご長男に遺されたお金を使ってしまう心配があるからです。

Q 息子の浪費癖、どうしたら治せる？

38歳の息子が、5年前からひきこもりの状態になっています。ひきこもり始めた頃は、就労支援のためのNPOなどに連れていきましたが、どこも2～3日しか続かず、今日にいたっています。

ひきこもりの子どもは、お金をあまり使わないと家族会などで聞いたことがありますが、息子の場合は、趣味のCDやDVD、好きな歌手が載っている雑誌やファンのためのグッズ、果ては健康用品などの出費が毎月7~8万円くらいあります。

通販で購入するものはすべて代引きで買うのですが、親の許可を得ずに注文するので、毎回、支払いについてけんかになります。一度、届いた商品を受け取らずに配達業者に戻したら、息子の怒りがエスカレートして殴られたこともありました。

私たち親はすでに年金暮らしに入っていて、一生懸命節約をしていますが、息子の浪費癖が治らないと、赤字は膨らむばかり。どのように諭したら、買い物をセーブさせられるでしょうか。

A

息子さんの場合、「欲しいものがあれば、なんだかんだと文句を言われても、最終的には親が買ってくれる」という状態が続いたことで、買い物に対する罪悪感も薄れてきているのかもしれません。とはいえ、今の生活を続けていると、サバイバルプランどころか、親御さんのライフプランすら成り立たなくなるおそれがあります。

即効性のある方法ではないかもしれませんが、この際、親が持つ資産をきちんと書き出して、お子さんに伝えてみてはいかがでしょうか。

その際のポイントは、実際に持っている資産よりも少なめに書き出して、キャッシュフロー表も一緒に作成すること。要するに、今のままムダ遣いをしていると、息子さんにお金を残せないだけではなく、親が生きているうちに貯蓄が底を突いてしまうことを数字化して伝えるのです。

言葉で伝えると、感情的になって受け止めてもらえない可能性が高いですから、貯蓄の残高表とキャッシュフロー表の2つを渡しておくのがよいでしょう。

そして、もうひとつ。「毎月、自由に使うお金を1万5000円に収めてくれたら、お前にこれだけのお金を残せるから、きっと生活していけると思う」などと、改善してもらうことで得られるメリットも書き添えてみてください。

貯蓄が底を突く話だけだと、お子さんをパニックに巻き込みかねません。息子さん自身にできそうな範囲で改善の努力をしてもらうことで、息子さんの将来が安定することも同時に伝え、理解してもらうことを目標にするとよいでしょう。

Q 妻に認知症の症状が出はじめた。住み替えも検討すべき?

私70歳、妻69歳です。41歳の息子がひきこもっています。息子のことは夫婦で力を合わせて対応してきましたが、働けるようになるのは難しいとあきらめています。問題なのは、最近、妻に認知症の症状が表れてきたことです。今のところは自分で何とか身の回りのことができていますが、ガスを使わせるのは怖いので、食事は私が作っています。近いうち、キッチンは電化にしようかとも悩んでいます。

ただ、キッチンを変えたからといって、当然ながらそれで問題が解決するわけはありません。妻の症状は悪くなることはあっても、良くなる希望はないと考えています。

我が家のようなケースでは、ひきこもっている息子と別居することや、妻を施設に入れることも検討すべきでしょうか。

A

認知症の症状が出た場合、奥様自身が混乱されたり、強い不安を感じるだけでなく、「母親が普通ではなくなった」ことで、お子さんが大きなショックを受ける可能性もあります。

また自宅介護で乗り切ろうとすると、ご主人にとっては老々介護になるうえに、お子さんの食事の世話などで、ご主人が倒れてしまう可能性もあると思います。

そのようなことからも、なるべく早く、介護に対応できる施設への住み替えを検討したほうがよいでしょう。

介護付有料老人ホームなど、民間施設への住み替えが資金的に難しい場合は、特別養護老人ホームへの入所申し込みを早めにおこなってはいかがでしょうか。

認知症の症状が出たとはいえ、まだ初期の段階だとすれば、奥様自身が住み替えを拒否するかもしれません。ですが、待機者が多く、すぐには入所できないことを考えても、この先、症状が進むことに備えて、今から申し込みはしておいたほうが無難でしょう。

時間が経過するほど、ご主人も疲れてしまって、いろいろな対応ができにくくなる可能性もあります。まずは各市区町村にある地域包括支援センターに行って、奥様の状態を説明し、今後の対応について相談してみることをおすすめします。

奥様が高齢者施設に入居することになれば、生活費も変化しますので、現状のお子さんとの生活を見直す必要も出てくるでしょう。まずは、奥様の住み替えを優先させ、住み替えによって生活費が変化した時点で、改めてお子さんと2人の生活設計を立てることをおすすめします。

奥様の生活場所が変わった後、奥様の介護費用が原因で、生活費の赤字が膨らむ可能性も大きいと思います。そのような場合は、現在の家を売却して、父子でマンションなどに住み替える検討をする必要が出てくるかもしれません。

とはいえ、3人での暮らしにこだわり、奥様の介護までご主人が担おうとすると、無理がかさなって、今度はご主人が倒れてしまう可能性もあります。

ご主人が倒れてしまうと、お子さんひとり期の暮らしどころか、自分たちの暮らしも成り立たなくなってしまいます。ここはひとつ、認知症の対応に力を入れている施設の中で、できるだけ廉価で入居できる介護付有料老人ホームを頑張って探してみてはいかがでしょうか。

施設への入居で生活コストを固定化し、父子の生活を再設計するのが無難だと思われます。

巻末対談

斎藤　環・精神科医

vs.

畠中雅子・ファイナンシャルプランナー

PART 1

ひきこもりの高齢化が進むなかで
支援のあり方が問われている

PART 2

わが子を生きのびさせるため、
お金のことを話し合っておこう

PART 1

ひきこもりの高齢化が進むなかで支援のあり方が問われている

――ひきこもり問題の流れと今後の課題

本書ではここまで、高齢となったひきこもりのお子さんが親亡き後も生きてのびていくためのサバイバルプランについて、その考え方や作成方法を解説してきました。

ここからはその巻末対談ということで、ひきこもり問題の第一人者であり、多くの臨床をおこなっている精神科医の斉藤環氏と、本書の著者である畠中雅子の対談を掲載します。

ひきこもり問題の本質や現状について整理し、理解を深めるための一助にしていただければと思います。PART1とPART2の2部にわけてご紹介します。

日本の若者の社会的疎外を代表する問題

畠中　「ひきこもり」とひと口に言っても、親ともまったく話せない状態のまま、部屋に閉じこもっているお子さんもいますし、夜になれば、コンビニで買い物ができるお子さんもいます。いろいろな状態の方がいらっしゃるわけで、何をもってひきこもりというのか、少々曖昧な面があるように感じます。

そこで最初に、実際に臨床の現場でひきこもりのお子さんを診ていらっしゃる斎藤先生に、ひきこもりとはどういう状態を指すのか、いつ頃からそれは社会問題になってきたのかといった、基本的なお話から伺いたいと思います。

できれば、先生が支援に関わるようになった経緯などを含めて、時系列で教えてください。

斎藤　わかりました。それではまず、ひきこもり問題のこれまでの流れからお話ししたいと思います。

ひきこもりと呼ばれる現象は１９７０年代から知られていまして、その頃からジワジワと増え続けてきました。その後、２０００年代になって急速に認知され、現在に至っています。

「最近、急に増えた」と誤解している人も多いようですが、今になって急増した現象ではありませんし、一過性で終わるような問題でもありません。**ひきこもりはまさに、日本の若者の社会的疎外を代表する問題**と考えていただいていいと思います。

どんな国でも、若者の一定割合は社会から疎外された状態に陥るのですが、これがイギリスやアメリカですと、ホームレス化するんですね。家に居場所がなくなり、路上に出て暮らすしかないと。

ところが日本の場合は、さしあたり家族が彼らを包摂してくれるので、ひきこもり化やニート化という形で排除や疎外が起こる。暫定的に家族の庇護下にありますからそうは見えませんが、長期的に見ればこれも疎外の一種と考えられます。こういう大枠をまずご理解いただきたいと思います。

畠中　日本の家族の特殊性みたいなことが背景にあるんですね。

斎藤　そうですね。それで、これが問題とされるようになったのが70年代中盤です。当時は不登校の問題がたいへん話題になっていました。そして、不登校の延長線上の問題として、ひきこもりのお子さんの問題が存在していたんです。

私は当時、大学院生だったのですが、恩師である稲村博先生（当時、筑波大学助教授）から、そうしたお子さんをお持ちの親御さんが、困ってたくさん相談に来ているという話を聞いていました。

ただ当時は、お子さんのそうした状態を示す言い方がなかったんですね。まだ「ひきこもり」という言葉は使われておらず、「不登校が長期化してしまっている。学校にはもう籍がないから不登校ではないんだが、何て呼ぼうか」という状況だったわけです。

稲村先生は「無気力症」とか「アパシー」と呼ばれていたと記憶していますが、あとは「退却神経症」とか、いろいろな名前で診断されていまし

斎藤 環（さいとう・たまき）

1961年、岩手県生まれ。1990年、筑波大学医学専門群（環境生態学）卒業。医学博士。現在、爽風会佐々木病院（千葉県船橋市）診療部長。また、青少年健康センター（東京都文京区）で思春期の電話・手紙相談を担当。専門は思春期・青年期の精神病理、および病跡学。主な著書に『社会的ひきこもり――終わらない思春期』（ＰＨＰ新書）、『ひきこもり救出マニュアル』（ＰＨＰ研究所）、『ひきこもりはなぜ「治る」のか？』（中央法規出版）、『「負けた教」の信者たち――ニート・ひきこもり社会論』（中公新書ラクレ）、『ひきこもりのライフプラン』（岩波ブックレット、共著）などがある。

た。

ただ、私にはどれもしっくりこなかったですね。一番大事なポイントである「社会に参加できていない」という部分を、うまく表現した言い方がありませんでしたから。

畠中　ひきこもりのお子さんって、とかく「甘えている」って言われがちですが、そうした「無気力症」などと言われた経緯が背景にあるのかもしれませんね。

斎藤　そうかもしれませんね。ただ実際、ひきこもりのお子さんは無気力かっていうと、決して無気力ではないんですけどね。

すごくイライラしているし、家で暴れたりもする。**無気力でグッタリしている感じではまったくなくて、むしろエネルギーが空回りしている**感じです。そういう印象が強かったので、無気力症というのはちょっと違うだろうと、私としては考えていました。

ちょうど70年代から80年代にかけてというのは、「スチューデントアパシー」、日本語でいうと「学生無気力症」ということですが、そういう言葉が流行した時期で、これも正式な病名ではないのですが、その延長線上で捉えられた面もあったのだと思います。

ですが、ひきこもりというのはそれよりはるかに裾野が大きな問題ですし、勉強しないでバイトばかりしている大学生とか、そういう狭い問題でないことは明らかでした。

そこで、この問題はもうすこし広い視野で捉えていく必要があるだろうなと思いながら、私は80年代末期に、ひきこもりをテーマにして博士論文を書いたわけです。

畠中　博士論文のテーマが、ひきこもりに関するものだったんですね。参考までに、論文のタイトルを教えていただけますか。

斎藤　「思春期・青年期に発症し遷延化した無気力状態に関する研究」（１９８９）です。80例のケースを対象に、多変量解析やクラスター分析などの統計的な手法で検討を加えたものです。

畠中　博士論文を書かれたことで、反応はかなりあったのでしょうか。

斎藤　論文を提出した後に、学会発表などもやったのですが、なかなか理解が得られず、国際学会で発表しても、それは統合失調症を誤診していると批判されたりしました。

時代の空気が変わったのは、90年代前半です。92年くらいに、富田富士也さんという方が『引きこもりからの旅立ち』（ハート出版）という本を出されました。おそらくこれが、最初に広く「ひきこもり」という言葉を認知させるきっかけになった本だと思います。

さらに90年代半ばになって、塩倉裕さんという朝日新聞の記者の方がひきこもりに関する連載を朝日新聞紙上で始めるなど、少しずつひきこもり問題が認知されるようになっていったんです。

畠中 私が知らなかっただけで、92年くらいにはすでに、ひきこもりに関する書籍が世の中に出ていたわけですね。

とはいえ私自身も、初めて、ひきこもりのお子さんのご相談を受けたのは１９９０年代の初めでした。私と同じ年の男性が中１から家に閉じこもっていて、友だちは１人もいないと聞き、当時、腰を抜かすほど驚いた記憶があります。

そのときは、ひきこもりのお子さんの存在すら知りませんでしたから、「これはいったい、どうなっちゃてるんだ!?」と、ただただ驚きましたね。

「ひきこもり」という言葉を広めた二つの事件

斎藤 その後、２０００年になって、ひきこもりという言葉が一気に広まります。きっかけになったのは、新潟の柏崎で起こった少女監禁事件でした。

畠中 女性を長年にわたり、自宅の自分の部屋に監禁していた事件ですね。

斎藤　そうです。当時37歳だったひきこもりの男性が、女性を9年間も自分の部屋に監禁し、それに同居していた母親すらも気づかなかったという、たいへん猟奇的な事件でした。これがワイドショーの格好のネタになり、「ひきこもりというのは、猟奇的な事件を起こす危険なやつだ」というふうにとらえられてしまったわけです。

畠中　女性を拉致・監禁すること自体ショッキングでしたが、それが9年間も見つからなかったということに衝撃を受けたのを覚えています。

斎藤　この事件が発覚したのが2000年1月。そして同じ年の5月には、佐賀を出発した福岡行きの西鉄高速バスを男が乗っ取るという事件がありました。いわゆる西鉄バスジャック事件です。

　このときのバスジャック犯は、正確にはひきこもりとは言えない状態でしたが、ひきこもり的なライフスタイルだったこともあり、「ひきこもりというのは犯罪者予備軍ではないか」という諸説がメディアを席巻してしまったのです。

畠中　たしかに、**常軌を逸した事件が続いたことで、もともと理解されにくいひきこもりという状態が独り歩きし、危険性ばかり強調された面があった**のかもしれませんね。

斎藤　こうして立て続けに事件が起こる2年前の1998年に、私は『社会的ひきこもり』（PHP新書）という本を出していました。先ほどご紹介した博士論文を一般向けに書き直したもので、私がひきこもりについて書いた最初の本です。

新書ブームもあって、この本は当初からそこそこは売れたのですが、それが発売2年後の2000年になって、急速に売れ行きを伸ばしました。これは二つの事件の影響で、ひきこもりに関する関心が高まったからだと考えています。その結果、この本は現在、私の著書の中では唯一の（苦笑）ベストセラーという位置づけになっています。

当時から今まで、ひきこもり対応の現場というのはあまり大きくは進歩していないので、今でも講演会などでは、この本の内容に、最近の知見を加味してしゃべっているという感じですね。

著書（畠中）

畠中　私も読ませていただきましたが、**ひきこもりという状態に至るには、性格的な問**

題だけではなく、先天的な要因など、さまざまな原因があることを理解するのにとても役立ちました。ひきこもり問題に関わる人には必読の書ですね。

斎藤　ありがとうございます。その頃から一気に、ひきこもりという言葉がブーム化したように思います。２００３年には、ＮＨＫが「ひきこもりサポートキャンペーン」を展開し、同じころ、厚生労働省も「ひきこもりガイドライン」の決定版を出しました。

そういう意味では、２００３年が、ひきこもりという言葉が世の中の注目を集めた最初のピークだったといえます。ところが、２００４年頃からは、状況が少し変わってきたんです。

斎藤 環氏

畠中　わずか1年で、ですか。

斎藤　２００４年に何が起こったかというと、いわゆる「ニートブーム」です。ニートという言葉が、玄田有史さん（東京大学教授。当時は助教授）などによって紹介され、ひきこもりにとって代わる言葉になったんです。
そろそろ、社会がひきこもりという言葉に飽き始めている頃だったからか、もちろん玄田さんの主張も強い説得力があったのだと思いますが、『ニート〜フリーターでもなく失業者でもなく』（幻冬舎）はベストセラーになりましたし、ニート支援という名目で予算もずいぶんつきました。いろいろな意味で、少し流れが変わったというか、**「就労支援」という新しい流れが出てきた**わけです。

畠中　私は当時、ニートという言葉ができたことで、階層化が進んだように感じました。階層化というのは適切な表現ではないようにも思いますが、「俺はニートだけれど、ひきこもりではないから大丈夫」という言葉を聞いたことがありまして、そのように受け取る人がいることに驚いた記憶があります。

斎藤　そういうとらえ方も確かにありますが、実際にはそれほどはっきり分かれるものではないんですけどね。
玄田さんと私は、立ち位置が近いこともあって、コラボレーションも毎年のようにおこなっています。玄田さんは就労支援が中心で、私は「就労支援は一つの選択肢」という立場でやっているので、立場は少し違いますけど。

それまで就労支援論者というのは、仕事へ強く背中を押すというタイプの方が多かったのですが、玄田さんは「仕事に誘惑する」というかたちで取り組まれています。新しいタイプの人が出てきたことで、就労支援にも新しい風が入って非常によかったと感じています。

畠中　私自身は、就労支援を受けたけれどうまくいかなかったとか、発達障がいなど働きにくい状態にあるため就労支援を受ける意思がないといった方の支援ばかりをやっているのですが、就労支援の場でどのようなことがおこなわれているのかについても関心があります。就労支援の変化というのも、興味深い、重要なテーマだと感じています。

非精神病性でありながら8割は精神障がい

斎藤　ひきこもり、ニートと来て、次はロストジェネレーション世代といいますか、フリーター、ワーキングプアと呼ばれる人々、いわゆる弱者化する若者が話題になります。そのころから宮本みち子さん（放送大学教授）のような方が登場されて、若者の不安定就労の問題についても語られるようになりました。

必ずしもそこにひきこもりは入っていませんでしたが、私は、これはもう**若者全体の問題として、それも若者個人の選択の問題と言うより、社会から疎外され排除されていく若者の問題として把握するべき**だと感じました。

若者論のすそ野が広がったのはたいへんよかったと思いますし、就労支援の出口についても、試行錯誤はずいぶんありましたが、その中から現在の地域若者サポートステーションといった非常に実用性の高い窓口もできました。まだまだ十分とは言えませんが、私たち精神科医にとっても、患者さんが社会参加に至るルートがずいぶん広がったので、一定の進化はあったと言えるでしょうね。

畠中　ひきこもりからニート、フリーター、そして若年者の不安定雇用と、若者をめぐる問題の流れがよく理解できました。

一般の方は、ひきこもりのお子さんについて継続的に関心を持っているわけではありませんから、何かショッキングな事件が起こるたび、ブームのように注目されてきたわけで、そうした意味では残念な部分もありますね。

斎藤　たしかに、不幸な面があったと思います。

次に、ひきこもりとは具体的にどういう状態を指すのかということを説明しますが、それには2010年発表の厚労省のガイドラインが参考になります。

厚労省が出したひきこもり支援のガイドラインによると、ひきこもりの定義について**「六ヶ月間以上社会参加をしていなくて」「非精神病性の状態」**の人を言うと書かれています。

これは私が定めた定義も踏襲したものなのですが、ただ、非精神病性といいながら、実際にはひきこもりの8割が精神障がいをもっていると言われていますから、その点では一般の人にはかなりわかりにくい定義と言えるかもしれませんね。

畠中　非精神病性でありながら8割は精神障がいというのは、たしかにわかりにくいですね。どういうことなんですか。

斎藤　精神病というのは精神障がいのなかでも一番重い部類のもの、「統合失調症」や「うつ病」などを指すんですが、ひきこもりのお子さんの場合、一般にはそこまで重くありません。ただ、**症状が軽いもの、発達障がい、社会不安障がい、強迫性障がいなど、軽い病気を持っているお子さんは少なくない**ということなんです。

発達障がいについては、ひきこもり青年の約3割に発達障がいがあると言うドクターもいます。私はさすがに3割は多すぎると感じていますが、発達障がいのお子さんも一定程度は含まれているのは事実です。

これも本当は、発達障がいなら「ひきこもり」の診断をするべきではないのですが、発達障がいという診断をされないまま成長して、ひきこもってはじめて問題に気付く、というケースが結構あるのです。

畠中 実際、私のところにご相談にいらっしゃる方のお子さんにも、障がい年金を受給されている方は少なくありません。アドバイスをはじめた頃は、精神障がいで障がい年金をもらえることすら意外に思いましたが、今は、ひきこもりのお子さんが生き抜くうえで重要な生活の基盤のひとつだと受け止めています。

公式には70万人だが、100万人はいる

畠中 ところで、ひきこもりの数については、いろいろな見方があるようですね。増加しているということは間違いないと思いますが、斎藤先生はそこはどのように見られていますか。

斎藤 ひきこもりの数については、ご存知のとおり、**2010年の内閣府の調査により、**

約70万人という数字が報道されました。今はそれが公式の数字になっていますが、私は初期の頃から100万人以上ということを申してきました。

内閣府の調査は、数字がかなり控え目にしか出ないアンケート回収方式でおこなわれたものですから、それですら70万人という結果が出たところから見ると、**やはりどう考えても100万人はいる**のではないかと思います。

畠中　70万人でも、たいへんな数字ですけどね。

斎藤　そうですね。実際、70万人という数字が社会に与えたインパクトは大きかったと思います。

私がひきこもりという言葉を広めたようなところもありますので、私の活動がひきこもりを増やした要因みたいなことを言われたりもしました（苦笑）。ひきこもりという言葉が普及すると、自分で自分をそう診断したり、ひきこもっている状況を肯定してしまう人もいるのではないかといった批判の声もあったようです。

ただ、この言葉が知られるようになる前は、ひきこもっている当事者やその家族の中には、「こんな変なことをしているのは自分だけだ」「俺だけが苦しんでいる」、あるいは「ウチの子だけがこんな変な状態になってしまっている」という思いを抱えて悩んできた人も多かったんですね。ひきこもりという言葉が出てきて、世の中には同じような人が何十万人もいるらしいとわかって、ちょっとホッとしたという反響もずいぶんありました。

そういう意味では、ひきこもりの人数が70万人というインパクトのある数字として現れたことで、少し気持ちを楽にしていただく効果があったのではないかと、希望を込めて考えています。

40歳代は珍しくなく、50歳代のひきこもりも

畠中 ひきこもりの現状という側面からいうと、これは今回の本を書くことになった理由の一つでもあるのですが、**高齢化の問題**もあります。

斎藤 そうですね。私がおこなった最近の調査(厚労省の研究班としておこなったもの)では、ひきこもりの平均年齢として32・6歳という数字が出ています。最初に本を出したときの平均年齢は21歳だったので、10歳以上年齢が上がったことになります。

ひきこもりがもし病気なら、患者さんの平均年齢が上がっていくなんて、そんなおか

しなことはあり得ません。ですが、ひきこもりに関しては、いくつかの要因から上がらざるを得ないという状況があるんですね。

学生の頃からひきこもっているお子さんたちは、年齢をそのまま重ねているわけですし、最近は社会人として働いていた人が仕事を辞めて、その後ひきこもり状態になるケースも増えています。それがひきこもりの高齢化を生んでいるわけで、平均が32歳ということは、もう**40歳代は珍しくないし、50歳代もいる**ということです。

そういう非常に対応が難しいケースが、これからますます増えてくるだろうと予想されますので、なかなか予断を許さないという状況ではあります。

畠中　高齢化してくると、支援の場もどんどん減ってきますよね。たとえば、厚労省だと支援対象は原則39歳までということで、**40歳以上になると本当に相談の場もなくなって、今度は親子でひきこもるしかないという循環になっている**ように思うんですね。

だからといって、私たちみたいな、お金の面からのサポートっていうところには普通なかなか足が向かない。斎藤先生のような、ひきこもりに理解のある先生に診ていただければ一番いいのでしょうが。

斎藤　ひきこもりに理解のある医師かどうかを見極めるのって、難しいですけどね。ひきこもりの存在そのものを認めない、という立場の方もまだおられますし。
いずれにせよ、おっしゃるとおり、高齢化したひきこもりへの支援というのは現状の大きな課題ですね。

「動かない」「続かない」が受診の現状

畠中　ひきこもりのお子さんを抱えているご家庭が支援を受けられる先としては、現在どういったところがあるのでしょうか。

斎藤　**一般的には最寄りの保健所か、地元の精神保健福祉センター、それから今、全国の自治体にひきこもり支援センターができています。まずはその窓口に行っていただくのが間違いない**でしょう。

発達障がいが疑われる場合には、やはり自治体の発達障がい者支援センターが利用できます。そして、その最初の相談先を糸口にして、治療機関や支援団体、家族会や居場所などを紹介してもらうのが順当でしょう。

はじめから治療機関を探す場合は、家族相談のみでも受けてくれるところを探す必要

があります。本人が最初から通院することはめったにないので、はじめは両親が定期的に通院しながら誘い込んでいくしかありません。本人が受診しなくても相談可能かどうかは、あらかじめ電話するなどして確認されるといいでしょう。

それから家族会ですね。一番有名なのは全国ひきこもりＫＨＪ親の会という家族会で、全国組織なので家から近い家族会を探すこともできると思います。保健所や精神保健福祉センターが運営している家族会もあります。私も東京の青少年健康センターで、月に一度の家族会を主催しています。

家族会は、モチベーション維持のために必須と私は考えておりまして、孤独な闘いにならないためにも、ぜひ家族会に参加して、継続的な治療や支援を受けていただきたいと思っています。

畠中　実際、保健所などにご家族が相談に行った場合、じゃあ、こういうところに窓口がありますよとか、そんなふうに紹介してもらえる体制にはなっているのでしょうか。

斎藤　どこでも同じサービスとはいかないのが残念なところで、熱心な保健所ではそこまでやってくれますが、さほどひきこもりに関心のないところもありますから…。

畠中　市役所に回すとか、そういう感じになるんでしょうかね。

斎藤　そうかもしれません。ですが、少なくとも精神保健福祉センターだけはきちんと対応してくれます。精神保健福祉センターか、ひきこもり支援センターのいずれかに先に行かれるほうがいいかもしれませんね。

畠中　そうした支援センター等の利用は、かなり進んでいるのでしょうか。

斎藤　まだまだ十分活用されているとは言えないと思います。

その存在がまだ十分に知られていないということもあります。また、ひきこもりを抱えたご家族の問題として、なかなか相談に行こうとしないという現状があるんですね。世間体を気にしたり、恥の意識が強すぎることが足を重くしているんです。

さきほど高齢化の話のところで紹介した同じ調査の結果でも、受診行動にいたるまでの期間が平均6年くらいかかっています。**最初のアクションまでに非常に時間がかかっているのが現状**なんです。

また、もう一つの問題として、一度治療機関を訪れたとしても、**受診が続かない**ということもあります。相談にのってもらえる場所が見つかっても、すぐ成果が上がらないと、あきらめて止めてしまう方が多いんですね。残念なことです。

それで、またメディアでひきこもりがどうのこうのというニュースが流れたりすると、不安になって医者を探す。この繰り返しで、なかなか安定した治療活動につながらないという問題があります。

畠中さんが先ほど言われたような、高齢化したひきこもりへの支援の問題は年々深刻化していますが、いっぽうで若い世代に対しては、今はそれなりに支援窓口は整備されてきています。ですから、ぜひ積極的に、そして継続的に治療や支援を受けてもらいたいですね。

PART 2

わが子を生きのびさせるため、お金のことを話し合っておこう

――サバイバルプランの必要性と求められる総合的支援体制

対談のPART1では、ひきこもり問題のこれまでの流れを振り返ることで、問題の本質について話し合いました。また、その現状について、特にひきこもりの高齢化が深刻な課題になってきていることを確認しました。

続くPART2では、親が亡くなった後もひきこもりの子が生きのびていくためのサバイバルプランについて、どんな考え方や取組みが求められるのか、お互いの意見を交換していきます。

お金の面での危機意識が薄い

畠中　さて、そろそろお金の話に移りたいと思います。先生には私が提案しているサバイバルプランについてご理解いただいていると思いますが、ひきこもりのお子さんがいるご家庭をお金の面からサポートしようという活動について、先生はどのような印象をお持ちでしょうか。

斎藤　私は以前から、ひきこもりのお子さんがいるご家庭に「お金の話をしましょう」と提案してきました。

ひきこもりの高年齢化とともに、当然ご両親も高年齢化してきています。定年を迎えられた方も多いわけで、それこそ今後の「老い支度」といいますか、残りの人生についいて思いを巡らす時期が来るわけですが、**ひきこもりのお子さんを抱えているご家族ほど、人生プランをしっかり立てようという気持ちが乏しい**んです。

むしろ、ひきこもりの息子という不確定要因があるがために、そういうプランは立てられないと考えている方が多いように感じます。本当は逆なんですけどね。

畠中　私も、ひきこもりのお子さんがいるご家庭のご相談を受けていて、同じことを強く感じています。このように言うと誤解されてしまうかもしれませんが、お金の面での危機意識が薄いと感じるケースも少なくありません。お金のことを考えろと言われても、どこから、どのように手を付けていいかわからないのが現実なのだと思いますが。

斎藤　子どもがひきこもっている家庭に限った話でなく、一般的に日本では、**成人した子どもと同居している家族の、お金に対する考え方が曖昧すぎる**んですよ。

大人になった子どもと同居し続け、しかもその生活費を全面的に負担している家族のライフプランというのは、現代ではかなり普遍的な問題だと思うんです。

私は以前から、子どもがある程度大きくなったら、親子といえども契約関係の要素を取り込んでいく必要があると考えていました。たとえば成人年齢に達したら、親はここまでは負担するけれど、ここから先はお前にも負担してもらうなど、具体的に決めておく。それによって自立や社会性を促進する効果もあるでしょうしね。

いずれにせよ、ひきこもりのお子さんがいるご家庭での「お金の問題」というのは、非常に重要でありながら、これまで放置されてきた面がありますから、畠中さんのようなお金の専門家に相談を受けていただけるようになって、本当にありがたいと思っています。

畠中　ひきこもりのお子さん向けに生活設計のアドバイスをしていると言っても、イメージすら湧かない方も多いですし、時には社会的弱者を対象に金儲けをしているように非難されることもありますので、そう言っていただけると光栄です。

斎藤　ひきこもりの相談を受けるようになられて、最初は戸惑われることもあったのではないですか。

畠中　そうですね。多少戸惑ったところもありますが、それよりも難しさを感じたのは、**親御さんに覚悟をしていただかなくてはならない**ことでした。

私がご提案するサバイバルプランでは、息子さん、あるいは娘さんの就労人生をあきらめていただくことを前提にプランニングをおこないます。そのことをお話しすると、親御さんは頭では理解していても、少なからずショックを受けられますので、そのあたりをはっきり言ってしまっていいものかどうか悩むことが多かったんです。

ただ、これについては、「サバイバルプラン」という言葉を使うようになってからやりやすくなりましたね。

いつからその言葉を使い始めたのか自分でも定かではないのですが、親の持つお金でお子さんにも生き抜いてもらうプランなのだと、理解してもらいやすくなったんです。

最近では、「畠中さんはサバイバルプランを立てる人」という認識が少しずつ拡がっているみたいで、話がずいぶんしやすくなりました。

ひきこもりのお子さんがいるご家庭にお金のアドバイスをするようになった当初は、「畠中というファイナンシャルプランナーが何か奇妙なことをやっている」という目で見られていたところもありましたが、ここまで10年以上続けてきて、周りの意識も少しずつ変わってきたと感じられるようになっています。

最近はファイナンシャルプランナーの仕事仲間にも、ひきこもりのお子さんがいるご家庭へアドバイスをおこなう人を増やそうと、少しずつ努力をしているところです。

斎藤　そうした方が、どんどん増えていってほしいですね。
私どもが親御さんに「将来の生活資金について計算しておきましょう」っていくら言ったところで誰もやりませんけど、「ここにお金の専門家の方がいますよ」と言えば、行ってくれる。悪く言えば他人任せなんですが、むしろ第三者的な立場の専門家に加わってもらうほうが、冷静に客観的に考えることができるのかもしれません。

畠中　斎藤先生のご紹介でいらっしゃる方は、プランニングをきちんと立てるんだという気持ちでいらっしゃるので、前向きにプランニングの中身の話ができます。**親の力でできるところまでは努力するという覚悟のある方は、資産の多寡にかかわらず、サバイバルプランが成り立つケースが多い**ですね。

後見人をどうするかは重要な課題

斎藤　ひきこもりの子どもがいる親御さんが、お金の問題に対して腰が重い一番大きな要因というのは、緊急性がないことなんです。実際はそんなに時間に余裕があるわけではないのに、1年や2年くらい遅らせても何とかなると思っている人が多い。いや、本当はそこまで考えていなくて、むしろ考えることを避け、後回しにしてしまう。そこが最大の問題だと思います。

畠中　そうやって先送りしているうちに、親御さんに介護が必要にならないとも限りません。自分のことで精いっぱいになってしまい、お子さんがいきなり放置される可能性もある。**先送りは問題解決を難しくするだけ**なんですけどね。

ただ、そうした先送りの問題はまだあるにせよ、最近、これはいい傾向だと思っていることもあります。それは、一度ご相談に来ていただいた方が、単発の相談に終わらず、複数回にわたって来ていただけるようになったことです。

2回目、3回目にお会いするときには、前回アドバイスさせていただいたことを解決したうえで来ていただけますので、サバイバルプランを確実に進めていくことができるようになってきました。

斎藤　それはいい傾向ですね。

畠中さんがひきこもりの相談にあたられていて、いま課題として感じられていることは何かありますか

畠中　課題はいろいろありますが、一つ挙げると、後見人の問題があります。ご相談の回数を重ね、**サバイバルプランを実際に進めていくと、そこで必ずぶち当たるのが後見人の問題**なんです。

つまり、親側でやれることについてはある程度進めることができても、結局、親が亡くなったときに誰がプランを実行してくれるのかという大きな問題が残ってしまう。

成年後見制度のひとつの手法である任意後見制度*を利用し、専門職後見人に後見人を頼む方法が考えられるわけですが、専門職後見人に頼むほどの資金が捻出できないケー

＊任意後見制度については、第3章72ページ参照

スのほうが現実には多いので、そこが悩みどころなんですよね。

斎藤　後見人って、純粋にひきこもりというだけでも立てられるものなんですか。

畠中　法定後見ではなく、任意後見なら可能だと思います。さらに言うと、専門職後見人が資金的に難しい場合、市民後見人であればそのハードルは下がります。もちろん、後見人になれるような親族がいるのがベストなんですが。

ただ、**「廉価で、良心的に仕事をしてくれる市民後見人をどうやって見つけるのか」**という問題への答えはまだ見つかっていないんですよね。

斎藤　後見人制度が整備されれば、ひきこもりのお子さんがいるご家庭にはたいへんな救いになるでしょうね。その意味では、私もその分野を少し学ばなくてはいけないと思っています。

畠中　ファイナンシャルプランナーの仲間の中にも、後見人の勉強をする人が増えてきて、実際に後見人を引き受けている人も出てきています。ただ、認知症の高齢者などと違って、ひきこもりのことを十分理解していない人に後見人を頼めるかどうかは、不確定要素に変わりはありません。

資金的なプランニングがきちんとできても、それを実行に移せないと絵に描いた餅になってしまうので、後見人問題というのは重要な課題だと考えています。

子どもの自立をどう促すか

斎藤　ファイナンシャルプランナーに相談に行かれる方というのは、その時点で相当程度、将来への危機意識はお持ちの方ですよね。相談に来られる方というのは、お母様が多いんですか。

畠中　ご夫婦の方は、多くがご夫婦でいらっしゃいます。

斎藤　やはりそうですよね。ご夫婦でまとまっていないと、そういう相談はできませんものね。

畠中　ご夫婦で協力して問題に立ち向かおうという意識が見えるご家庭は、ご夫婦仲がよくて、お子さんの問題で力を合わせているので、2回目、3回目の相談につながっていきますね。

斎藤　たしかに、**ひきこもり問題も夫婦仲に帰着する部分がある**んですよ。夫婦仲が悪いご家庭は、治療相談を進めにくい。そこは最近頭が痛いところでして。

私は親子関係の修復は比較的得意なほうなんですが、破綻した夫婦関係をどうにかしろと言われても、私にはどうすることもできないですから（苦笑）。

畠中　ひきこもりのご相談ではなく、一般的なお金のご相談の中でも、家計を楽にしたいと言われた時、「夫婦仲を良くすると、お金の問題もかなり解決します」とアドバイスしています。夫婦仲が良いと、お互いが譲歩できるので、家計費の見直しもしやすいんです。

夫婦仲って、お金の問題のキーポイントでもあって、ひきこもりの問題にもたぶん応用されるんだろうなと、ふだんから感じています。

斎藤　私も、夫婦関係は非常に密接に結びついていると思います。

畠中　これはひきこもり家族の話ではありませんが、**夫婦仲がいいと、子どもに対する関心って少し薄くなりますでしょ。それが大事なんです。**

斎藤　密着しなくてすみますし、それから暗黙のプレッシャーといいますか、大人になったら家を出なさいねって言いやすくなりますからね。

畠中　両親が仲良くしている様子を見て、自分が邪魔だって思えば、自立する可能性も高まると思うんです。逆に「僕がいないと、お母さんはさびしいんじゃないかな」って思ったら、自立しづらくなるんじゃないですかね。

斎藤　おっしゃるとおりです。「夫が定年を迎えて一日中二人きりになったらどうしよう」という不安を訴える母親は少なくありません。そういう母親は半ば無意識に、子どもに家に留まってもらいたいという信号を発してしまっているような気がします。

子どものほうも両親が不仲だと、「かすがい」的なポジションを降りにくくなってしまう。

両親の親密な関係を通じて子どもの自立を促すというのは、ひきこもりの問題においても、非常に重要なポイントです。

畠中　夫婦仲の問題はさておき、ひきこもりの子どもの自立を促すという点で、うまくいった具体的な事例はありますか。

斎藤　私が感心したケースで言うと、こんな例がありました。ひきこもっている30歳過ぎのお子さんにワンルームマンションを買い与えて、一人暮らしを始めさせたんです。そのうえで年間の援助額は１００万円と決めて、その１００万円を年金受給年齢になるまでの30年間、保証しました。

「ワンルームマンション＋３０００万円」ですから、どのご家庭にもできるわけではないでしょうが、こういう割り切りができる家族は立派だと思いました。

結果的にこの方は、親子の信頼関係が崩れないまま単身生活を始められて、バイトにも行けるようになったんです。こうした形での親子関係の再構築を、私は一つの理想形と考えています。

いずれにしても、見通しを立てて、その見通しに合ったプランをしっかり立てて、それを本人に宣言をすることが必要でしょう。

お金の問題については親御さんのほうに発言権があると思いますから、その発言権に基づいて、できるだけ温情的な判断をくだし、それを本人に伝えていくというかたちで**きちんと決めていくこと、選択をすること、それが大事になってくる**と思います。

畠中　親御さんのほうで、親子が別々に暮らす決断ができることも重要ですよね。

斎藤　そうです。ところが親御さんたちは、それがなかなかできないんですね。

子どもを捨てることになってしまうとか、子どもから嫌われるとか、何かそんなふうな抵抗感があるようで、なかなか踏み切れない方がとても多いですね。

一歩間違えれば自殺や衰弱死も

畠中 お話ししていいものか悩みますが、以前、次のような話を聞いたことがあります。親御さんが、ひきこもったお子さんを家に残したまま、夫婦で蒸発したんです。親御さんは、親戚にも近所の人にも誰にも連絡しないで、ウイークリーマンションで2年くらい暮らしていたそうです。そして、2年くらい経って自宅に戻った。そのとき息子さんはアルバイトをして暮らしていたそうです。お金もほとんど残していかなかったので、食べるために働きだしたということでした。

斎藤 それはたまたまうまくいったケースですよ。いまひきこもっている方で、親御さんが急にいなくなったら、働きだす人はたぶん半分ぐらいはいるかもしれません。これはかなり楽観的な予測です。でも、やっぱり残りは家から出られないまま、孤独死や衰弱死も十分に考えられますね。

畠中 その親御さんは、ときどき見に行って、電気が点いているとかの確認はしていたみたいですが、そこまでの覚悟って、ふつうはできないですよね。その話を聞いたとき、そこまでしなければいけない現実が存在するんだと感じました。

斎藤　衰弱死の可能性もありますから、おすすめはできませんが、様子を継続的に見に行くとか、危険を回避するための策をとったうえでしたら、親御さんがちゃんと考えたうえでやられたことですから、評価はしたいと思います。

ですが、やはり危険であることには変わりありません。**本人が自殺してしまうとか、衰弱死するリスクはゼロではありません**からね。

畠中　そのようなリスクのある選択はできないとすると、やはりサバイバルプランを立てていただくしかないと思います。実際のところ、親も子も高齢化してきて、「このままではまずいなあ」という意識は高まってきているようにも感じていますが。

斎藤　数年ぐらい前まで、ひきこもりの講演会に招かれる頻度はちょっと減ってたんですが、ここ2〜3年、また急速に増え始めて、参加者も半端じゃない数が集まるようになっています。顔ぶれを見ると、ほとんどがもう定年期を迎えたご両親なんですね。いかに危機感が高まっているかの表れだと思います。

畠中　講演会を聴きに来られる方のニーズも変わってきていますか。

斎藤　変わっていますね。

畠中　たとえば？

斎藤　昔はどうやったら外へ出せるかとか、仕事をさせられるかだったのが、いまは**自分が亡くなったあと、子どもの生活をどうすればいいか**という質問が少しずつ増えています。

とはいえ、やはり大半の親御さんの希望は相変わらず「働かせたい」というもので、就労に対してはなかなかあきらめがつかないようですが、就労を断念した方にとっては、それこそ畠中さんのような方のお話が有効だと思っています。

本当は断念というのは正確ではなくて、「たとえ就労できなかったとしてもその時はその時」という割り切りですね、そこからスタートするほうが、結果的には就労にも結びつきやすいと私は考えています。

「在宅ホームレス」を増やさないために

斎藤　今日はひきこもりをテーマに話をしているわけですが、実はこの問題というのは、ニートにも共通するんですよね。それこそ50歳代でニートという人もいっぱいいるわけで、そうした人たちすべてにとって、今後の生活設計やそのための資金をどうするかというのは重要な問題になっているわけです。

畠中　そうですね、問題はひきこもりに限らない。ニートも同じ問題を抱えていると思います。

斎藤　問題の根幹は同じなんです。

畠中　ひきこもりにせよニートにせよ、そうした人が高齢化し、親御さんが亡くなって一人遺されてからの問題って、想像できるだけでもたくさんありますよね。

斎藤　ありますね。一例としては、**壮年期の孤独死**なども挙げられるかもしれません。40代、50代の人が部屋で一人死んでいく。40代や50代では後見人を付けるのも一般的ではありませんから、誰がお葬式を出すのかなども問題だと思います。

ひきこもりのお子さんに目を向ければ、親御さんが亡くなった後、何が起こるか、誰もわかりません。一つ予測しているのは、私は**「在宅ホームレス」**って言っているんですが、家はあるけれど、インフラが機能していない。電気、ガス、水道、全部止まっていますと。こういう状況下で単身生活を延々としている人がこれから増えるのではないかと考えています。

畠中　公共料金の引落し口座が親御さん名義の場合、親御さんが亡くなったら口座は凍結されて、引落し不能になってしまいますからね。口座変更の手続きができないと、まさにおっしゃるような状態に陥る可能性が高い人もいるでしょうね。

ですから私は、**親御さんが存命で一緒に暮らしているうちから、電気、ガス、水道、電話などの公共料金は、お子さん名義の口座から引落しをするようにすすめています。**契約は家族の誰の名義でもできるはずですから。

斎藤　ぜひ、それは実行してほしいですね。屋根はあるけれど、実質ホームレスみたいな生活になってしまうと、そういう人はやはり、ゆくゆく衰弱していくしかなくなってしまいますから。

あと、マクロの話で言うと、**2030年問題**というのがあります。いま、ひきこもり人口の中で、ある程度まとまった数がいる世代というと、40歳代半ばより少し上くらいが一番上の世代なんですよ。

40歳代半ばの人というのは、20年たったら65歳ですよね。つまり、年金受給年齢に達するわけで、彼らが仮に一斉に年金受給を申請したらどうなるか。

いまでさえ財源が危ぶまれているのに、それまで見えなかった何万人という老人が出

現して、保険料は払ってきたから年金寄こせって主張し始めたら、これ、払わないわけにいかないわけですよ。なにせ年金の保険料は、彼らの両親が自分の年金から払ってきているわけですから。

ところが、こんなこと私が言うまでもないんですが、年金の財源のかなりの部分は国庫から出ている。つまり税金ですよね。ところが、ひきこもりの人々は所得税や住民税を払っていないわけです。**働いて、税金を納めてこなかった人が年金受給を要求したら、これはフリーライダー（ただ乗り）って言われてしまいます**。

保険料を払っていないわけじゃないが、働いて税金を払って、国民年金保険料も払っている人から見たら、フリーライダーに見えてしまう。たぶん、バッシングが起こるでしょう。それに、年金財源も厳しくなる。

ただ、これに関しては、彼らの多くは申請をしないだろうという悲しい予測もありうるわけですが。

畠中　それは、老齢基礎年金の受給を申請しないということですか。それとも、できないということですか。

斎藤　手続きが怖くてできないということです。叩かれるから嫌だと。

そのころにはマスコミが騒ぐでしょうから、それを見て、叩かれたくないから手続きしないという人が過半数を占める可能性がある。そうなれば、まあ、パニックにならずに済むかもしれません。

ただ、年金を受け取る権利があるのは事実ですから、それを考えると本当にたいへんな問題で、現状を放置したら間違いなくやってくる爆弾なんですけどね。

親がまず最低限の知識をつける

畠中　年金については、一方で別にちょっと気になっていることがあるんです。

以前ご相談を受けていたケースでは、ほとんどの場合、親御さんがお子さんの国民年金保険料を払っていたんですね。ところが最近お会いする親御さんは、未払いの方が増えているんです。保険料を未払いしているか、申請して免除を受けているかのどちらか。

斎藤　それはありますね。そうしたご家庭はこれからもっと増えると思います。

畠中　全期間、きちんと申請免除を受けていても、もらえる年金は最高で半分（実際にはもっと少ない可能性もある）じゃないですか。いま、6万6000円くらいもらえるという前提でサバイバルプランを立てているのですが、その**もらえる年金額が2万円とか3万円になると、おそらく生活保護じゃないとプランが成り立たないって話になりそうなんです**。

斎藤　そこはぜひ、年金額が増えるようなアドバイスをしていただきたいです。あとからでも未払い分を完納すれば、受け取れる年金は増えるわけですよね。そうしたことを多くの親御さんは知らないので。

畠中　もちろんアドバイスします。とくに**2012年10月1日からは、3年間の時限措置ではあるのですが、過去10年以内の未払い保険料を遡って払えるようになります**。従来は直近2年間分のみ遡れていたのが、拡大されるわけです。

斎藤　そうすると、ちゃんと6万円台の年金がもらえるわけでしょうか。

畠中　今回の措置は10年分だけなので、満額までは受給できないと思います。ただ、将来的にはもっと遡って払えるようになるかもしれません。もっとも、親側の負担能力が乏しくなっているので、どれだけの方が遡って支払えるかは疑問ですが。

　私が最近ご相談を受けた方で、年齢が一番上の方はすでにお子さんが50代半ばになられています。そういう意味で、年金をベースとした生活設計を立てる機会は増えてくると思います。

　いずれにせよ、**昔の分を遡って払うとか、そういう検討をするためにも、親側がまず最低限の知識をつける**ことは必要でしょうね。

斎藤　本当にそうですね。今は50代のひきこもりも、ぜんぜん珍しくないですから。

畠中　プライベートな話になりますが、大学生の娘が今、就職活動中なんです。それで、昨今の就職活動の厳しさを身近で感じているのですが、たとえばすでに50歳を超えていたら、ひきこもりの方じゃなくても、なかなか仕事に就けないのが現実ですよね。

斎藤　もちろん、甘くはないでしょうね。ですが、これは希望を持ってもらうために言うんですけど、私の診ている方でも、40代半ばで初めて相談にやって来て、数年デイケアに参加したのち、アルバイトではあるんですが就労した方がいます。たしかに、人聞きのいい仕事は少ないかもしれませんが、そんなことを気にしている場合ではない。そう吹っ切れれば、**何歳以上だったら絶望っていうことはない**んです。

生活保護はすすめたくないが…

畠中　親御さんたちの意識として、お子さんが生活保護を受けることについての抵抗感はどうでしょう？

斎藤　幸か不幸か、皆さん抵抗が大きいですね。さすがにそこまでは…というプライドがあるので。彼らがもしそこを、プライドをかなぐり捨てちゃったら、大変なことになると思いますが、彼らはプライドが命綱なので、生活保護を受けたいという話はめったに出てきません。

もっとも、プライドがこじれて孤独死、ではしゃれになりませんから、どうしようもないときはこちらが受給をすすめる場合もありますが。畠中さんのような立場で相談を受けていてもそうですか。

畠中　私たちのようなファイナンシャルプランナーのところに相談に来る方は、どちらかというと、お子さんの生活が成り立つ程度の資産は持っている方が多いので、有料のご相談の中で生活保護の話が出ることはめったにありません。

でも、親の会のセミナー後に受ける無料相談では、「これは生活保護を受けるしかないなあ」と感じるケースも少なくないのが実態です。

斎藤　あまりおすすめはしたくないのですが、私が診ている中でも、**世帯分離して生活保護にせざるを得ないケース**というのはあります。

親御さんに対する反発が非常に強くて、あらゆる意味で親御さんの厄介になりたくない。だけど生活力がないので、生活保護をお願いしますというケースとかですね。

畠中　世帯分離でも、別居の事実がないと難しいですよね。

斎藤　その場合は、別居させています。

畠中　生活保護については、私のほうから受けるようにすすめることはできないので、今回、この本でも紹介はしていないんです。

役所の方の話を聞くなど、それなりに生活保護に関する勉強はしているつもりですが、相談の場ではあまり話題にしませんね。

ご相談者から「生活保護を受けるための裏技はありませんか？」などと聞かれることもありますが、仮に知っていてもお答えしていません。

斎藤　それが正しいと思いますね。私は立場上、ケースによってはそういう相談にも応じざるを得ないのですが。

親亡き後に備える総合的なひきこもり支援が必要

畠中　親御さんが亡くなったあとのことを考えると、**財産分与の話なども含め、遺言で親御さんの遺志を明らかにしておくことが必要な場合もある**と思います。斎藤先生はひきこもりのご相談を受ける際、遺言について言及されることはありますか？

斎藤　遺言状を書いてもらうように促すことはありますが、皆さん、やはり書きたがらないですね。「なんで〝遺書〟を書くんだ」なんて勘違いされることもありますし（苦笑）。お金について真剣に考える機会として、あるいは終わりがあることを意識してもらうための象徴的な儀式として書いていただきたいと考えているんですが。

畠中　私も、遺言はぜひ書いておくべきだと考えているんです*。でも、終わりを意識す

＊遺言状については、第３章82ページ参照

るのはやはり怖いですからね。特に、働けないお子さんを遺して逝くのを想像すること
は何よりつらいでしょうし。

斎藤　ただ、急に親御さんが亡くなってしまったら、本人は喪主を務めることすら難しいわけですからね。どんなふうに死後事務の手続きを進めるのかとか、必ずしも遺言という形でなくてもいいとは思うのですが、親御さんが元気なうちにちゃんと契約として進めておいたほうがいいはずなんです。「いざとなったらこの人に頼りなさい」と伝えておくとかね。その中に、先ほどおっしゃった後見人の話も含まれてくるということでしょう。

畠中　「遺言を書いておきましょう」と言うと、弁護士さんのところに行く必要があると思い込んでいて、なかなか実行しない方もいますが、専門家に頼むと毎回お金もかかるので、私は自筆遺言でいいと思っています。

ただ、本当に人生の最期を意識したら、そのときは公証人役場とかに行って作ったほうがいい。自筆証書遺言だと、検認の手続きをしなければならないケースもあって、そうした手続きは、ひきこもっているお子さんには難しいと思いますから。

斎藤　たとえば、ひきこもりの子どもに財産を多く渡そうと思って、遺言にそう書いて

も、兄弟が認めないと言ってきたら、くつがえされちゃうこともあるそうですね。

畠中　亡くなった方のお子さんには、少なくとも法定相続分の半分までは財産を相続できる権利があるんです。これを「遺留分」と言うのですが、それを侵害するような遺言は認められないわけです。

斎藤　だから、ひきこもりの子どもに確実に財産を渡すには、生命保険を利用するわけですね。

畠中　そうです。保険金には遺留分がかかりませんからね。保険金以外は遺留分にかかってしまうので、遺留分を避けるために保険を活用するわけです＊。

私がおこなうプランニングでも、**ひきこもりのお子さんに必ず残したい分は、保険金で確保する**ような方法をよくとります。

斎藤　保険金なら、取り分は100％保証されると。

畠中　はい。保険金は100％大丈夫です。

親御さんの健康状態によっては入れる保険が限られるケースも多く、そうした保険を探すのは結構大変ですが、それでも一時払いで入る個人年金保険などには健康状態が悪くても入れるものがあります。

＊ひきこもりの子どもに確実に財産を残すための生命保険の活用については、第3章79ページ参照

過去に保険加入を断られた経験をお持ちの親御さんは、自分はすべての保険に入れないと思い込んでいらっしゃるかもしれませんが、可能性はゼロではないですから、あきらめずに探していただきたいですね。

斎藤　まさに、今、必要なのはそういう知恵であり知識なんですよね。**生前契約によって親御さん亡き後の財産分与や諸々の事務処理について事前に対応しておくとか、そうしたことまで含めた総合的なひきこもり支援が必要になっている**のだと思います。

そうした知識は、お子さんが先々立ち直って社会復帰できるか否かにかかわらず持っていたほうがいいし、別にひきこもりのお子さんがいるご家庭に限らず、誰でも知っておいたほうがいいはずなんです。

畠中　私たちファイナンシャルプランナーが、そうした知識を伝えるお手伝いをさせてもらえたらいいと思いますね。

ファイナンシャルプランナーによる出張相談を

斎藤　お金に関する専門的な知識が必要な相談については、ファイナンシャルプランナーの方が窓口を全国各地に作っていただけると助かるのですが、そのあたりはいかがでしょう。

畠中　たしかに全国各地で相談を受けられるような体制が整えばいいのですが、一般の資産運用やライフプランのご相談とは違いますから、ひきこもりのお子さんのことを理解できない人が相談を受けるのは避けたいと考えています。そうすると、すぐに全国対応をするというのは難しいでしょうね。

ただ、だからと言って私一人で全国各地のご相談を受けるのも難しいので、今は周囲のファイナンシャルプランナーと連携し、必要があれば地方に足を運んでもらうようにしています。

斎藤　有料のネット相談みたいなものを始められるご予定はありますか。

畠中　ネット相談については、基本的にやるつもりはありません。ネットで気軽に解決できる問題ではありませんから。親御さんたちと顔を突き合わせて、真剣に話し合いたいと考えています。

斎藤　なるほど。やはり対面しないとダメですか。

畠中　私は対面しないとダメだと思っています。相手の心、そして私のアドバイスが伝わりにくい形では、とてもできない相談だと思っていますので。

斎藤　同感です。そのあたりも治療と一緒ですね。電話やネットでは伝わりません。

畠中　そう思います。だからこそ、**私が行けない場合には、連携しているファイナンシャルプランナーが出張し、全国どこでも相談が受けられるようにはしたい**と考えているんです。

ひきこもりのお子さんをお持ちのご家庭では、東京まで来られない方が多いですし、自分が出かけたら、お子さんのご飯がつくれなくて困るという話もよく聞きますから。

斎藤　地方の方の中には、「ファイナンシャルプランナーとか言われても、うちの近所にそんな人いないし…」みたいな感じで、あきらめてしまっている方が多いと思うんです。出張してもらえると助かると思いますね。

今、どのくらいのファイナンシャルプランナーの方がこういう問題にかかわろうとしているんですか。

畠中　人数はわからないですけども、少しずつ増えています。私が自治体などでおこなう支援者向けセミナーにも、同業者であるファイナンシャルプランナーの人が受講者として参加するケースが増えています。全体数はわからないですけど、10人前後は頼める人が出てきましたね。

斎藤　地方にも、ひきこもりのお子さんがいるご家庭向けに、お金の相談ができるファイナンシャルプランナーはいるんですか？

畠中　関西のほうには、連携を取れそうな方々がいます。

いずれにせよ、ひきこもりのお子さんがいるご家庭向けのお金の相談が今後認知され、広がっていくには、私がおこなっている活動がきちんと認めてもらえることも重要だと思っています。

その意味では、内閣府が２０１１年に発行した『ひきこもり支援者読本』にライフプランの項目を書かせてもらえたことは、活動を後押ししてくれていると感じています。

斎藤　たしかに、内閣府が『読本』にライフプランの項目を入れたことは、本当に画期的な英断だったと思います。

それに今回、引き続き畠中さんがこうした本が出されることも、ひきこもりのお子さんをお持ちのご家庭には朗報だと思いますよ。

生活基盤を立てることに早急に力を注ごう

畠中　最後になりますが、ひきこもりのお子さんをお持ちのご家庭に向けて、先生からのメッセージをお願いします。

斎藤　いろいろありますけども、**とにかく「あきらめない」こと**です。

たとえば、40歳過ぎたからもうダメだとか、もう終わったと思うこともしばしばあるでしょうが、何歳以上は絶望ということは決してありませんので、あきらめないでいただきたいと思います。

畠中　解決の形は就労でなくてもいいということですよね。

斎藤　そうです。それに、**とりあえず生きのびることを考えることが、最終的に就労につながる可能性を高める**と私は考えています。

危機感をあおることや、強引な「就労せよ」という方向づけは逆に失敗することが多いので、「とりあえず家族全員で生きのびましょう」という目標設定をして、それについてみんなで一生懸命考えるほうが、結果的に就労に結びつく可能性も高まるということは強調しておきたいですね。

　これは決して、後ろ向きの「退却戦のススメ」じゃなくて、リスクヘッジと言いますか、どうなっても食べてはいけるんだということがキッチリ保証されていれば、むしろ本人のモチベーションも高まるし、頑張れるのではないかと思うんです。

　いずれにせよ、生活の基盤が整っていないと前に進めないわけですから、生活基盤を立てることには、早急に力を注いでいただきたいと思います。

　生きのびることを考えるのは、決してあきらめではなく、これもむしろ攻めの構えだと捉えて、まずはお金のことをきっちりと話し合っていただきたいですね。

　極論かもしれませんが、治療はそのあとでもいいくらいです。

畠中　わかりました。私としても、斎藤先生の応援を受けて（笑）、ひとつでも多くのご家庭に「親が持つ資産で生きのびることができるサバイバルプラン」を提案しようと思っています。今日はありがとうございました。

斎藤　ぜひ、がんばってください。

〈著者紹介〉
畠中雅子（はたなか・まさこ）

1963年東京都港区生まれ。大学時代からフリーライター活動をはじめ、マネーライターを経て、ファイナンシャルプランナーになる。

長女出産後に大学院に進学し、修士課程では生命保険会社の会計システムの研究をおこない、博士後期課程では金融制度改革の研究をおこなう。大学院は2000年に満期退学。

現在は新聞・雑誌・ウエブ上に多数の連載を持つほか、セミナー講師、講演、相談業務などをおこなう。

教育資金のアドバイスをおこなう「子どもにかけるお金を考える会」と、高齢者施設への住み替え資金アドバイスをおこなう「高齢期のお金を考える会」を主宰。40代以上のひきこもりのお子さんに向けた生活設計アドバイスにも力を注いでいる。

プライベートでは、大学生、高校生、中学生の３児の母。

著書は、「ミリオネーゼのマネー術」（ディスカバートゥエンティワン）ほか、40冊を超える。近著は、「ひきこもりのライフプラン」（精神科医・斎藤環氏との共著・岩波書店）。

高齢化するひきこもりのサバイバルライフプラン
親亡き後も生きのびるために

平成24年７月24日　初版発行

著　者――――畠中雅子
発行者――――福地　健
発　行――――株式会社近代セールス社
〒164－8640　東京都中野区中央１－13－９
電　話　03－3366－5701
ＦＡＸ　03－3366－2706
カバーデザイン―久保和正デザイン室
印刷・製本――株式会社アド・ティーエフ

ISBN978-4-7650-1150-1